3·1 혁명과 임시정부

대한민국의 뿌리

3·1 혁명과 임시정부

대한민국의 뿌리

김삼웅 지음

두레

머리말

대한민국의 모태 3·1 혁명과 임시정부

1919년 3월 1일을 시작으로 한반도 전역과 한인이 사는 세계 여러 곳에서 전개된 독립만세시위는 우리 민족사를 크게 뒤바꾸는 엄청난 계기가 되었다. 1910년 일제에 강점당한 한민족이 나라의 치욕을 겪은 지 9년만에 일제의 무자비한 총칼 앞에 맨손으로 들고일어선 민족적 자주독립 혁명은 봉건군주체제를 끝내고 민주공화제로 전환되는 계기가 되었다. 그로부터 100돌을 맞게 되었다.

컬럼비아 대학 역사학 교수인 프리먼은 "로마는 그 이전 역사의 모든 흐름이 유입되어 그곳에서 대문명을 이루었고, 그 이후 역사의 모든 흐름이 그곳을 발원으로 다시 흘러가는 거대한 호수다"라고 이야기한 바있다.

우리나라의 기미 3·1 독립혁명이 이와 같은 거대한 호수였다. 동학농민혁명·만민공동회·독립협회·의병 전쟁·국내외 항일운동 등 각급 민족운동의 흐름이 3·1 혁명으로 접목되고, 그 이후 대한민국 임시정부 수립·봉오동 전투와 청산리 전투 등 무장독립전쟁을 비롯하여 조선의용대·한국광복군 등 각급 독립투쟁은 3·1 혁명을 발원으로 하여 더욱 강화되고, 체계화·조직화·장기화된다.

국권을 빼앗긴 뒤 한민족은 세계 식민지 해방투쟁에서 유례를 찾기 어려울 만큼 다양한 전략·전술을 동원하여 국권회복투쟁을 전개했다. 그것이 3·1 혁명으로 집약되면서 민족적 에너지가 폭발했다. 국치 9년 만에 폭발한 3·1 혁명은 일제 식민통치를 거부한 민족의 자주독립선언임과 더불어 봉건군주체제를 종식하고 민주공화주의를 지향하는 근대의 햇불이었다.

문명사적으로는 전근대적인 신민의식(臣民意識)에서 벗어나 근대적인 시민의식(市民意識)이 싹트는 전환점이며, 민족사적으로는 신분·지역·성별·종교를 뛰어넘는 민족주의의 시발점이고, 국제적으로는 중국의 5·4 운동을 비롯하여 인도차이나 반도와 동남아, 아랍, 이집트 등에까지 파급되어 반제국주의 약소민족 해방운동의 불씨가 되었다.

그런가 하면 3·1 혁명 이후 일제의 가혹한 무단통치에 짓밟혔던 민족혼이 되살아나 곳곳에 임시정부 수립운동이 일어나고 무장투쟁이 전개되었다. 또한 긴 세월 동안 남성 중심의 가부장제 아래에서 사람대접은커녕 숨도 제대로 쉬지 못하는 고통과 억압에 시달렸던 여성이 역사현장에 등장하게 되는 여성해방의 계기가 되었다.

그럼, 1919년 3~4월에 한민족이 왜적의 총칼 앞에 생명을 내던지며 투쟁했던 '3·1 혁명'은 어떤 역사적 의미가 있을까.

첫째, 국치 9년 만에 소수의 친일파를 제외한 전 민족이 하나가 되어 자주독립을 선언했다. 인구의 10분의 1 이상(당시 조선의 인구는 약 1,750만 명인데 시위에 나선 사람은 약 202만 명)이 시위에 참여한 것은 세계 혁명사에서 처음이다.

둘째, 군주제를 폐지하고 근대적인 민주공화제로 전환하는 계기를 만들었다. 민족대표들이 독립하면 민주공화제 국가를 수립할 것이라 법정에서 진술하고, 각종 지하신문은 민주공화제를 추구했다. 상하이 대한민국 임시정부는 이를 받아 민주공화제를 채택했다.

셋째, 여성이 사상 처음으로 역사 현장에 등장했다. 4천 년 동안 남성 위주의 가부장제도에서 신음해 온 여성들이 독립된 주체로서 봉기했다. 의병투쟁 등에 소수의 여성이 참여한 적은 있으나 자주적으로, 집단적으로 역사현장에 참여한 것은 이때가 처음이었다.

넷째, 신분해방의 측면이다. 조선 사회의 '천민계급'에 속해 있던 기생·백정·광대 등 하층인들까지 조국해방투쟁 전선에 주체적으로 참여하여 일제와 싸웠다. 이로써 군왕과 양반 중심의 계급사회가 민중이 중심이 되는 평등주의 사회로 전환하는 계기가 되었다.

다섯째, 비폭력투쟁이다. 3·1 혁명의 지도부는 처음부터 비폭력, 일원화, 대중화를 지침으로 했다. 이 사실 역시 세계 혁명사에서 유례없는 일이다.

여섯째, 세계 피압박 민족해방투쟁의 봉화 역할을 했다. 중국의 5·4 운동을 비롯 인도와 이집트, 중동과 아프리카 여러 민족의 반식민지 해방투쟁에 큰 영향을 주었다.

일곱째, 국치 이래 독립운동 일각에서 진행되어 온 존왕주의 복벽운동을

중단시키고, '주권 불멸론—국민주권승계론'에 따른 국민국가시대
를 열었다.

여덟째, 국내만이 아니라 해외에 나가 살던 이주민과 망명자들까지 하나
로 묶어 내는 한민족의 정체성을 세계에 여실히 보여 주었다. 한인
이 거주하는 세계 곳곳에서 독립만세운동이 벌어졌다.

아홉째, 독립의 당위성과 함께 일제의 패권주의와 침략성을 지적하고, 인
류가 지향해야 할 국제평화·평화공존·인도주의 등 이상을 제시하
면서 국제사회의 일원으로 등장했다.

이와 같은 역사의 대전환을 가져온 3·1 거사를 일컬어 '혁명'이라 하
지 않을 수 있겠는가. 당시 일본 정부와 신문은 '폭동·난동·소우·반란'
등으로 표현했지만, 중국의 신문·잡지는 '조선혁명·대혁명·조선해방
투쟁' 등으로 썼다. 심지어 중국 신해혁명을 주도한 쑨원(孫文)은 우리
독립운동가 김창숙을 만난 자리에서 "나라가 망한 지 10년이 못 되어서
이 같은 대혁명이 일어난 일은 동서고금의 역사에 보기 드문 일입니다"
라고 말했다.

우리 독립운동가들도 그렇게 불렀다. 해방 뒤 대한민국 정부가 수립
되면서 제헌헌법 초안에서도 전문에 '3·1 혁명'으로 명시했었다. 그러
나 한민당 계열 일부 제헌의원들이 국회의장 이승만에게 3·1 혁명이 과
격용어라고 진언하면서 '혁명'이 '운동'으로 바뀌었고, 오늘에 이르기
까지 굳어져 버렸다.

이 책에서는 잘못된 것을 바로잡는 의미로 '3·1 운동'이 아니라 '3·1
혁명'이라 표기한다. 대한민국 임시정부를 수립할 만큼 범민족적인 기

미년 3·1 혁명을 '운동'이라는 용어로 100주년을 넘기는 것은 선열에 대한 예의도 아니다.

3·1 혁명 후 국내외에서는 몇 갈래로 임시정부 수립운동이 시도되었다. 국치 이후 독립운동가들은 먼저 해외에서 임시정부 수립을 추진했다. 물론 1914년에 블라디보스토크에서 이상설·이동휘 등이 대한광복군정부를 수립하고, 1917년에 상하이에서 신규식·조소앙 등 17명이 대동단결선언을 통해 임시정부의 수립을 제창한 바 있다. 그러나 본격적인 임시정부 수립은 3·1 혁명 직후에 전개되었다. 기미독립선언서에서 '조선이 독립국'임을 선언했으니, 이를 대변하는 민족의 대표기구를 설립하는 것은 당연한 수순이었다.

국치 이래 희망을 잃고 노예처럼 살던 한민족은 3·1 혁명을 계기로 근대적 민족의식에 눈뜨게 되고, 수많은 지사들이 나라를 되찾기 위해 국내에서 또는 해외 망명지에서 독립운동전선에 서게 되었다.

1919년 3~4월에 국내외에서 모두 8개의 임시정부가 수립·선포되었다. 조선민국임시정부, 신한민국임시정부, 대한민간정부, 고려공화정부, 간도임시정부 등은 수립 과정이 분명하지 않은 채 전단으로만 발표되었다. 실제적인 조직과 기반을 갖추고 수립된 것은 러시아 연해주, 중국 상하이, 한성의 임시정부였다.

상하이에서 대한민국 임시정부가 수립된 것은 1919년 4월 11일이다. 일제에게 빼앗긴 국토와 주권, 국민을 완전히 되찾아 '정식' 정부를 수립할 때까지 한시적으로 '임시'로 세운 정부였다. 상하이에서는 국내외에서 모여든 조선의 각 도 대표 29명이 4월 10~11일 임시의정원 회의를 개최해서, 여기서 대한민국이라는 국호, 임시헌장 10개조와 정부 관제를 채택하고, 임시정부를 수립하여 대내외에 선포했다. 상하이임시정부는 비록 임시정부일 망정 유사 이래 처음으로 민주공화제 정치체제를 채택했다.

임시헌장의 10개 조항에는 "대한민국은 민주공화제로 함"(제1조), "대한민국은 임시정부가 임시의정원의 결의에 의하여 이를 통치함"(제2조), "대한민국의 인민은 남녀·빈부 및 계급 없이 일체 평등으로 함"(제3조), "대한민국의 인민은 종교·언론·저작·출판·결사·집회·주소이전·신체 및 소유의 자유를 향유함"(제4조) 등 근대적 민주공화제의 헌법 내용을 담았다.

상하이임시정부는 국무총리에 선임된 이승만이 부임하지 않으면서 국무총리 대리이며 내무총장인 안창호에 의해 운영되었다. 안창호는 8월 말 임시의정원 회의에서 한성정부 및 블라디보스토크의 국민의회정부와 통합하는 안과 정부개편안을 제안했다. 이에 따라 여러 차례 논의한 끝에 9월 6일, 3개 정부를 통합하고, 정부 수반의 호칭을 대통령으로 하는 새 헌법과 개선된 국무위원 명단이 발표되었다.

통합 임시정부가 정부 수반을 국무총리에서 대통령으로 바꾸게 된 것은 미국에 있는 이승만이 줄기차게 요구했기 때문이었다. 국무총리로 선출되고서도 부임하지 않고 미국에서 활동해 온 이승만은 국무총리가 아니라 대통령으로 행세했다. 그는 대통령 호칭에 강하게 집착했다. 미국식 정치와 문화에 깊숙이 젖어 있어서 미국 정부의 수반 프레지던트 (President)라는 호칭이 의식에 각인된 것이다.

상하이임시정부는 수립 초기 정부령 제1호와 제2호를 반포하여 '국내 동포에게 납세를 전면 거부할 것'(제1호)과, '적(일제)의 재판과 행정상의 모든 명령을 거부하라'(제2호)는 강력한 포고문을 발령했다. 그리고 국내 조직으로 연통제와 교통국을 설치한 데 이어 해외에는 거류민단을 조직하여 임시정부에서 관리했다. 연통제는 지방행정조직이고, 교통국은 비밀통신조직이었다. 국내의 무장·사상투쟁을 위하여 전국 각 군에 교통국을 두고 1개 면에 1개의 교통소를 설치하도록 하고, 연통제는 각 도와 각 군에 지방조직을 갖춰 나갔다.

그러나 1920년 말부터 일제의 정보망에 걸려 국내의 지방조직이 파괴되고, 3·1 혁명의 열기가 점차 사그라지면서 국내의 독립기금 송금과 청년들의 임시정부 참여가 크게 줄어들었다. 워싱턴에 머물고 있던 이승만은 1920년 12월 5일에야 상하이에 도착했다. 임시정부 국무위원들은 이승만이 정부가 수립된 지 1년 반 만에 왔으니 임시 대통령으로서 무슨 방책을 준비해 온 것으로 믿고 기다렸으나, 이승만은 아무런 방안도 내놓지 못했다.

이승만에게 기대를 걸었던 임정 요인들은 실망해, 심지어 임시정부를 떠나는 이들도 있었다. 그러나 이승만은 떠나는 이들을 붙잡아 포용하기는커녕 신규식·이동녕·이시영·노백린·손정도 등을 새 국무위원으로 임명해 위기를 넘기고자 했다.

당시 만주, 간도, 연해주 등지에서는 민족독립을 위한 무장독립전쟁 단체들이 속속 결성되어 항일투쟁을 벌이고 있었다. 북로군정서, 대한독립군단, 대한광복군, 광복군총영, 의열단, 의군부, 대한신민단, 혈성단, 신대한청년회, 복황단, 창의단, 청년맹호단, 학생광복단, 자위단 등이 결성되고, 특히 1911년 신흥무관학교가 설립되어 강력한 군사훈련을 통해 독립군 간부들을 양성했다.

만주 각지에서 조직된 무장독립군 세력은 연대하여 봉오동 전투(1920년 6월)와 청산리 전투(1920년 10월)에서 승리했는데, 이는 국치 이래 최대의 항일대첩이었다. 이런 상황인데도 상하이임시정부는 이승만의 독선과 독주로 요인들이 하나둘씩 떠나가고, 실현성이 취약한 '외교독립론'에 빠져 있었다.

이승만의 독선적인 정부 운영과 무대책에 실망한 임시정부 국무위원들과 의정원 의원들은 국민대회를 준비하면서 지도체제를 대통령중심제에서 국무위원중심제, 즉 일종의 내각책임제로 바꾸는 개헌작업을 시도했다. 이승만이 이에 반대하면서 임정은 더욱 심하게 분열되고, 이를 이유로 이승만은 1921년 5월에 상하이를 떠난다. 얼마 후 임시의정원은 이승만을 탄핵했다.

초기의 이런 분란에도 불구하고 임시정부는 일제 패망 때까지 27년 동안 온갖 시련과 고초를 겪으면서 한국광복군을 창설하고, 일제에 선전포고를 하는 등 항일민족해방투쟁의 본거지로서 독립전쟁을 지휘했다. 임시정부는 창설 당시부터 '자주독립'과 '민주공화'라는 두 가지 목표를 내걸고 일제와 싸우고 해방을 맞았다. 오늘의 대한민국은 대한민국 임시정부의 법통을 승계함으로써 임시정부와 3·1 혁명이 우리나라의 모태가 되었다.

지은이   김삼웅

차례

1

나라가
망하기까지의 과정

宣言書

吾等이玆에我朝鮮의獨立國임과朝鮮人의自主民임을宣言하노라此로써世界萬邦에告하야人類平等의大義를克明하며此로써子孫萬代에誥하야民族自存의正權을永有케하노라

半萬年歷史의權威를仗하야此를宣言함이며二千萬民衆의誠忠을合하야此를佈明함이며民族의恒久如一한自由發展을爲하야此를主張함이며人類的良心의發露에基因한世界改造의大機運에順應幷進하기爲하야此를提起함이니是 天의明命이며時代의大勢 | 며全人類共存同生權의正當한發動이라天下何物이던지此를沮止抑制치못할지니라

舊時代의遺物인侵略主義强權主義의犧牲을作하야有史以來累千年에처음으로異民族箝制의痛苦를嘗한지今에十年을過한지라我生存權의剝喪됨이무릇幾何 | 며心靈上發展의障礙됨이무릇幾何 | 며民族的尊榮의毀損됨이무릇幾何 | 며新銳와獨創으로써世界文化의大潮流에寄與補裨할機緣을遺失함이무릇幾何 | 뇨

噫라舊來의抑鬱을宣暢하려하면時下의苦痛을擺脫하려하면將來의脅威를芟除하려하면民族的良心과國家的廉義의壓縮銷殘을興奮伸張하려하면各個人格의正當한發達을遂하려하면可憐한子弟에게苦恥的財産을遺與치안이하려하면子子孫孫의永久完全한慶福을導迎하려하면最大急務가民族的獨立을確實케함이니二千萬各個가人마다方寸의刃을懷하고人類通性과時代良心이正義의軍과人道의干戈로써護援하는今日吾人은進하야取하매何强을挫치못하랴退하야作하매何志를展치못하랴

丙子修好條規以來時時種種의金石盟約을食하얏다하야日本의無信을罪하려안이하노라學者는講壇에서政治家는實際에서我祖宗世業을植民地視하고我文化民族을土昧人遇하야한갓征服者의快를貪할뿐이오我의久遠한社會基礎와卓犖한民族心理를無視한다하야日本의少義함을責하려안이하노라自己를策勵하기에急한吾人은他의怨尤를暇치못하노라現在를綢繆하기에急한吾人은宿昔의懲辨을暇치못하노라今日吾人의所任은다만自己의建設이有할뿐이오決코他의破壞에在치안이하도다嚴肅한良心의命令으로써自家의新運命을開拓함이오決코舊怨과一時的感情으로써他를嫉逐排斥함이안이로다舊思想舊勢力에羈縻된日本爲政家의功名的犧牲이된不自然又不合理한錯誤狀態를改善匡正하야自然又合理한正經大原으로歸還케함이로다當初에民族的要求로서出치안이한兩國併合의結果가畢竟姑息的威壓과差別的不平과統計數字上虛飾의下에서利害相反한兩民族間에

1. 경술국치의 전말

일본은 임진왜란(1592~1598) 때부터 기회만 있으면 우리나라를 빼앗으려
고 호시탐탐 기회를 노렸다. 그러다가 메이지(明治) 유신으로 근대국가
를 수립하고 부국강병에 성공한 뒤부터는 더욱 노골적으로 본색을 드러
낸다. 1876년에 강화도조약을 맺어 우리나라와 수교하고 나서 1894년에
동학혁명이 일어나자 군대를 보내 동학혁명군을 무참히 죽이고 진압하
는가 하면, 1895년에는 자객을 보내 명성황후를 죽이는 을미사변을 일
으키는 등 끔찍한 만행을 서슴지 않았다.

그러나 고종 황제(1852~1919)와 대한제국(1897~1910)의 위정세력들은
자신들의 안위를 지키는 데 급급하고, 그들의 무능은 한 치 앞을 내다볼
줄 몰랐다. 대한제국의 조정은 국민과 나라를 지킬 수 있는 힘도 의지도
잃은 지 오래였다. 국가 재정의 3대 요소인 전정, 군정, 환곡이 부패하고,
크고 작은 관직이 거래되고, 관리를 뽑는 과거제도가 '입도선매'되는 등
국정이 온통 썩어 문드러졌다.

이런 시기를 틈타 일본은 고종 황제를 겁박하여 을사늑약(1905. 11. 17)

을사오적(왼쪽 위부터 시계 방향으로 이완용, 이근택, 이지용, 권중현, 박제순).

을 맺어 우리나라의 외교권을 강탈했다. 당시 이 을사늑약 체결을 찬성했던 학부대신 이완용, 군부대신 이근택, 내부대신 이지용, 외부대신 박제순, 농상공부대신 권중현 등 다섯 명의 매국노를 가리켜 을사오적(乙巳五賊)이라 부른다. 게다가 이듬해 조선통감부(1906)를 설치하여 대한제국을 사실상 일본의 식민지로 전락시켰다. 일본은 이에 그치지 않고 대한제국의 군대를 해산(1907)시키고, 1909년에는 사법권과 감옥사무를, 1910년에는 경찰권을 빼앗는가 하면, 우리나라를 집어삼키기 위해 병탄조약을 체결하고자 했다. 이에 전국 곳곳에서 일본의 야욕에 저항하는 의병이 일어나고, 안중근 의사(1879~1910)가 침략의 원흉 이토 히로부미(伊藤博文)를 중국 하얼빈에서 처단(1909)하는 등 우리나라 국민도 저항에 나섰다. 그러나 신식 무기로 무장한 일본의 군사력과 국내 친일파들의 매국활동을 막아 내기에는 역부족이었다.

1910년 8월 22일, 운명의 날이 밝았다. 이날 서울은 최고기온이 섭씨 29도(일본 신문 보도)가 넘는 등 늦더위가 기승을 부렸다. 강제로 을사늑약이 체결되던 날의 을씨년스러웠던 날씨와는 또 달랐다.

이른 아침부터 용산에 주둔해 있던 일본군이 바쁘게 시내로 이동했다. 완전무장한 일본군은 시내의 주요 장소에 나뉘어 배치되었다. 서울 남산에는 일본군의 대포가 창덕궁과 덕수궁 등 황궁을 겨냥하고, 시민들이 많이 모이는 종로 거리를 정조준했다. 서울 거리에는 15걸음 간격으로 일본 헌병 한 명씩이 배치되는 등 경계가 극도로 삼엄했다. 계엄령이 내려진 것과 같은 공포 분위기였다. 일본 헌병과 경찰은 한국 사람이 두세 명만 함께 걷거나 모여 있어도 강제로 해산시키고, 이에 저항하면 인정사정없이 폭행하고 끌고 갔다.

'8·22 거사'를 앞두고 통감 데라우치 마사타케는 먼저 서울을 경비하는 데에 군대의 힘을 동원했다. 데라우치는 『한국병합시말(韓國倂合始末)』이라는 보고서에서 당시 서울 경비 상황을 다음과 같이 보고했다.

"정변에 즈음해 서울 경비는 가장 긴요하고도 극히 주도면밀한 배치를 요함은 두말할 것도 없다. 따라서 본관이 착임하자마자 곧 군사령관의 경비 계획을 보고 다시 몸소 이에 관한 의견을 지시했으며 한 치의 빈틈도 없도록 거듭 조사연구를 반복시켜 8월 초까지 군사령관은 경성, 용산 경비 규정

데라우치 마사타케.

을 정했다. 그리고 이의 실시는 상황에 비추어 필요하다고 인정될 때에 본
관이 이를 군사령관에게 지시하는 것으로 했다. 그리고 병력 사용은 부득이
한 시기에 하기로 하고 헌병·경찰력으로 경성 경비에 임하는 것을 우선으
로 했다. 그러나 어느 때 어느 경위를 막론하고 하나의 명령으로써 기회를
잃지 않기 위해 7월 하순 이후 경성, 용산의 모든 여러 부대는 그 병영에서
비밀리에 무장을 정비했다."

　일제는 1910년 7월 29일에 이완용을 다시 총리대신으로 세우고 박제
순을 내부대신으로 하는 매국노 내각을 조직했다. 이어 8월 18일, 이완
용을 앞세워 매국노 내각에서 한국 병탄(倂呑)을 처리하게 했다.
　이러한 일제의 의도에 따라 병탄조약은 각의(내각회의)에 상정되었고,
학부대신 이용직을 제외하고는 각원(내각)에서 누구 하나 반대하는 사람
이 없이 병탄조약 체결이 승인되었다. 조약을 체결하는 날짜는 8월 22일

로 정해졌다. 결국 이날 열린 어전회의는 그야말로 형식뿐인 절차였던 셈이다.

한편, 한국에 배치된 일본군은 이보다 앞서 이미 발 빠르게 움직이고 있었다. 7월 6일 밤부터 지방에서 올라온 부대가 용산 지구에 도착한 것을 시작으로, 7월 9일까지 지방에 주둔하던 부대가 밤의 어둠을 틈타 큰길을 이용하지 않고 모두 서울로 집결했다. 8월 들어서는 저녁 식사 뒤 군인들의 병영 밖 외출이 금지되더니, 그다음에는 군인들의 외출이 전면 금지되었다. 이러한 조치들은 일본군이 서울로 모여드는 것을 한국 국민이 보고 반감을 드러내거나 저지할지도 모르는 상황을 미리 막기 위한 술책이었다. 또한 예상치 못한 비상사태가 벌어질 경우를 대비한 방책이었다.

2. 황제의 서명이 빠진 병탄조약문

왕조시대에 국가의 중요한 일을 중신들이 임금의 앞에서 의논하던 회의를 어전회의(御前會議)라 부른다. 1910년 8월 18일에도 어전회의가 열렸다. 조선 왕조의 권위가 땅에 떨어지고 아무리 형식적인 어전회의라 하더라도 국가의 주권은 엄연히 임금에게 있었다. 데라우치가 무력으로 황궁을 포위하고 수상을 비롯하여 조정 대신과 측근들까지 대부분 친일 매국노들로 포진한 내각이지만 형식은 융희(隆熙) 황제(순종)가 주재하는 어전회의였다.

그러나 이날의 어전회의는 조선왕조 500년의 사직이 무너지는 망국

병탄 7적(왼쪽 위부터 시계 방향
으로 고영희, 조중응, 민병석, 김
윤식, 윤덕영).

·병탄을 다루는 회의였다. 총리 이완용은 합방조약문을 내놓고 황제를
겁박했다. 이미 합방조약문이 각의에서 통과되었으니 융희 황제가 재가
(裁可)하라고 강박했다.

당시 모든 주요 문서에는 황제의 어새(御璽, 옥새를 높여 부르는 말)와 순
종 황제의 이름인 '척(坧)' 자의 서명이 반드시 있어야 했다. 그런데 이날
어전회의에서 병탄조약문에 찍을 어새가 갑자기 사라져 버렸다. 경술국
치(1910년 경술년에 나라를 빼앗겼다고 해서 경술국치라고 부름)의 문서에 도장을
찍지 못하게 하려고 윤 황후가 옥새를 몰래 치마 속에 감추었던 것이다.

그러나 윤 황후의 삼촌 윤덕영(당시 시종원경)이 이를 눈치챘고, 옥새를 강제로 빼앗았다. 결국 망국과 치욕의 문서에 옥새가 찍혔다.

그러나 조약문서 어디에도 어새와 함께 있어야 할 융희 황제의 서명은 보이지 않았다. 순종이 합병조약에 서명하기를 거부했기 때문이다. 따라서 황제의 서명이 없는 조약문서는 효력이 없었고, 그 조약은 당연히 무효였다. 원천무효인 셈이다.

일제와 친일 매국노들의 위협과 강압으로 어새를 찍었으나 황제의 서명도 없는 병탄조약문은 일제가 쿠데타적 수법으로 대한제국을 병탄한 문건이다. 그런데 조약문 내용을 보면 대한제국의 황제가 일본의 황제에게 한국 통치권의 양여를 스스로 요청하여 일본 황제가 이를 수락한 것으로 되어 있다.

병탄조약에 서명한 '병탄 7적'의 이름과, 8개 조항으로 구성되어 "우리나라를 영구히 일본에게 바친다"라는 내용의 「한일합방 조약문」은 다음과 같다.

병탄 7적(매국 7적)

총리 이완용, 내부대신 박제순, 탁지부대신 고영희, 농상공부대신 조중응, 궁내부대신 민병석, 시종원경 윤덕영, 중추원 의장 김윤식

병탄조약문(국치조약문)

일본국 황제폐하 및 한국 황제폐하는 양국 간의 특수하고 친밀한 관계를 고려하여 상호 행복을 증진하며 동양 평화를 영구히 확보하고자 하며, 이 목적을 달성하기 위하여 한국을 일본 제국에 병합함이 선책이라고 확신

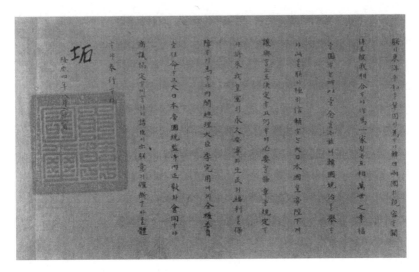

한일병탄조약 체결 당시의 전권위임장.

하고, 이에 양국 간에 병합조약을 체결하기로 결정하고 이를 위하여 일본국
황제폐하는 통감 데라우치 미사타케 자작을, 한국 황제폐하는 내각총리대
신 이완용을 각각의 전권위원으로 임명했다. 그러므로 위 전권위원은 협동
협의하고 아래의 제조를 협정했다.

제1조 한국 황제폐하는 한국 전부에 관한 모든 통치권을 완전 또는 영구
       히 일본 황제폐하에게 양여한다.
제2조 일본국 황제폐하는 전조에 기재한 양여를 수락하고 완전히 한국
       을 일본 제국에 병합함을 승낙한다.
제3조 일본국 황제폐하는 한국 황제폐하, 황태자 저하 및 그 후비와 후
       예가 각기의 지위에 적응하여 상당한 존칭과 위엄 및 명예를 향

유하게 하며, 또 이것을 유지하는 데 충분한 세비를 공급할 것을
약속한다.

제4조 일본국 황제폐하는 전조 이외의 한국 황족 및 그 후예도 각기 상
응하는 명예 및 대우를 향유하며, 또 이것을 유지하는 데 필요한
자금의 공급을 약속한다.

제5조 일본국 황제폐하는 훈공 있는 한국인으로서 특히 표창에 적당하
다고 인정된 자에게 영작을 수여하고 또 은급을 부여한다.

제6조 일본국 정부는 전기 병합의 결과로 완전히 한국의 시정을 담당하
고 동지에서 시행하는 법규를 준수하는 한인의 신체 및 재산을
충분히 보호해 주며, 또 그들의 전체를 복리 증진을 도모한다.

제7조 일본국 정부는 성의로써 충실하게 신제도를 하는 한국인으로서
상당한 자격을 가진 자를 사정이 허락하는 한 한국에서의 일본제
국 관리로 등용한다.

제8조 본 조약은 일본국 황제폐하 및 한국 황제폐하의 재가를 받은 것으
로서 공포일로부터 시행한다.

《조선총독부 관보》 제1호

이 같은 병탄조약이 강제됨으로써, 조선의 국왕을 폐하고 국호를 쓰
지 못하게 되고, 2천만 백성과 3천 리 강토와 4천 년 역사가 모조리 일본
의 지배하에 들어가게 되었다. 4천 년의 독립국가가 일본의 노예국으로
전락한 것이다. 일본은 조선총독부를 설치하여 한국을 통치하고, 한국은
1945년 해방될 때까지 35년 동안 일본의 식민지 종살이를 하게 되었다.

3. 무능한 왕, 친일 매국노와 일제의 합작품

일제는 병탄 이전인 1910년 6월 3일 각의에서 이미 병탄 이후에 우리나라를 어떻게 다스릴 것인지를 결정해 놓고 있었다. 이를 다룬 문건이 이른바「합병 후 한국에 대한 시정방침 건」인데, 그 내용은 다음과 같다.

一. 조선에는 당분간 헌법을 시행하지 않고 대권(大權)에 의거해 통치할 것.

一. 총독은 천황에게 직속하고 조선에 대한 일체의 정무를 통할할 권한을 가질 것.

一. 총독에게는 대권의 위임에 의거하여 법률 사항에 관한 명령을 발하는 권한을 부여할 것, 단 본 명령은 별도로 법령 또는 율령 등 적당한 명칭을 붙일 것.

一. 조선의 정치는 되도록 간결하게 하고 따라서 정치 기관도 이런 뜻에 따라 개폐할 것.

一. 총독부의 회계는 특별회계로 할 것.

一. 총독부의 정무비용은 조선의 세입으로 충당함을 원칙으로 하고 당분간 일정한 금액을 정해 본국 정부에서 보충할 것.

一. 철도 및 통신에 관한 예산은 총독부의 소관으로 추가할 것.

一. 관세는 당분간 현행 그대로 둘 것.

一. 관세 수입은 총독부의 특별회계에 속하게 할 것.

一. 한국은행은 당분간 현행 조직을 바꾸지 않을 것.

一. 합병 실행에 필요한 경비는 금액을 정해 (정부) 예비금에서 지출할 것.

一. 총독부 및 한국 정부에 재직하는 제국 관리 중 필요 없는 자는 귀환 또는 휴직을 명령할 것.

一. 한국에 있어서 관리로는 그 계급에 의거하여 가능한 한 다수의 조선인
　을 채용하는 방침을 채택할 것.

일제는 한국을 병탄하면서 그나마 제국헌법(일본헌법)의 각 조항을 적
용하지 않고 조선 총독이 자의적으로 집행하는 '대권'에 의해 통치하겠
다는 방침을 세웠다. 이를 바탕으로 폭압적인 무단통치 방침을 정하고
이를 그대로 시행했다. 실제로 헌병경찰 제도로서, 사법적인 기능까지
자행했다.

일제는 또한 병탄조약을 8월 22일에 '체결'하고서도 매국노들이 순종
황제의 취임 4주년 기념행사를 이유로 공포일을 연기하자고 요청하자,
1주일 뒤인 8월 29일 ≪조선총독부 관보≫에 게재하는 형식으로 이 사
실을 공포했다.

이로써 1392년 7월에 이성계(태조)가 창업한 조선 왕조는 1910년 8월
29일에 융희 황제가 국권을 빼앗기면서 27대 519년 만에 멸망하게 된다.
이는 우리나라를 침략하기 위해 치밀하게 전략을 짜고 강폭하게 압박한
일제, 무능한 왕과 왕실, 친일 매국노들이 합작해서 만든 작품이었다. 이
후 우리나라는 35년 동안 인류 역사에서 유례가 없는 폭력과 억압과 착
취에 시달리는 식민지배를 받게 된다.

일제는 조약 공표와 동시에 '대한'이라는 국호를 폐지하고, 통감부를
대신하여 조선총독부를 개설해 데라우치를 초대 총독으로 임명했다. 이
와 함께 「한국합병칙서」를 발표해 광무 황제(고종)를 이태왕, 융희 황제
(순종)를 이왕, 광무 황제의 아들 강과 희를 공으로 불러서 세습하게 하

1910년 8월 29일 발행된 ≪조선총독부 관보≫에 게재된 한일병탄조약의 일본어 원문(왼쪽)과 한국어 원문(오른쪽).

며, 일본 황족으로 편입한다고 발표했다. 이로써 왕과 왕족은 일본의 감시하에 놓이게 되고 모든 활동이 제약되었다.

또한 일본황실령 제14호로 '조선귀족령'을 반포하여 매국에 공을 세운 친일파와 구한국 고관 등 72명에게 작위(일왕이 내린 벼슬)와 거액의 은사금(임금이 신하에게 내리는 돈)을 나눠 주고, 전국의 유생 721명에게 회유책으로 30만 엔을 살포했다. 이들이 바로 친일파의 원조이다.

2

3·1 혁명이 싹트다

宣言書

今日吾人의 此擧는 正義人道生存尊榮을 爲하는 民族的要求ㅣ니 오즉 自由的精神을 發揮할것이오 決코 排他的感情으로 逸走하지 말라

最後의 一人까지 最後의 一刻까지 民族의 正當한 意思를 快히 發表하라

一切의 行動은 가장 秩序를 尊重하야 吾人의 主張과 態度로 하야금 어대까지던지 光明正大하게 하라

丙子修好條規以來 時時種種의 金石盟約을 食하얏다 하야 日本의 無信을 罪하려 안이 하노라 學者는 講壇에서 政治家는 實際에서 我祖宗世業을 植民地視하고 我文化民族을 土昧人遇하야 한갓 征服者의 快를 貪할뿐이오 我의 久遠한 社會基礎와 卓犖한 民族心理를 無視한다 하야 日本의 少義함을 責하려 안이 하노라

自己를 策勵하기에 急한 吾人은 他의 怨尤를 暇치 못하노라 現在를 綢繆하기에 急한 吾人은 宿昔의 懲辦을 暇치 못하노라

今日吾人의 所任은 다만 自己의 建設이 有할뿐이오 決코 他의 破壞에 在치 안이하도다 嚴肅한 良心의 命令으로써 自家의 新運命을 開拓함이오 決코 舊怨과 一時的感情으로써 他를 嫉逐排斥함이 안이로다 舊思想舊勢力에 羈縻된 日本爲政家의 功名的犧牲이 된 不自然又不合理한 錯誤狀態를 改善匡正하야 自然又合理한 正經大原으로 歸還케 함이로다 當初에 民族的要求로서 出치 안이한 兩國併合의 結果가 畢竟 姑息的威壓과 差別的不平과 統計數字上虛飾의 下에서 利害相反한 兩民族間에 永遠히 和

1. 요동치는 국제정세

대한제국이 일본에 강탈되던 시기에 국제정세는 크게 요동치고 있었다. 1914년 7월 28일에 오스트리아가 세르비아에 선전포고를 하면서 시작된 1차 세계대전이 1918년 11월 11일에 독일의 항복으로 끝나면서 전승국과 패전국 사이에 강화회의가 열리게 되었다. 당시 일본은 중국에서 이권을 더 차지하려는 목적으로 영일동맹을 내세워 독일에 선전포고를 하고, 연합국이 승리하자 중국 산둥 성의 독일 이권을 그대로 물려받을 뿐만 아니라 남양군도의 위임통치령도 얻게 된다.

한편 러시아에서는 1917년 10월 혁명으로 레닌을 수반으로 하는 소비에트사회주의 정권이 수립되었다. 소비에트 정부는 지주의 소유지를 국유화하고 은행·산업의 노동자 관리에 착수했으며, 독일과 단독강화로 평화체제를 갖추었다. 러시아 신정부는 영토 안에 있는 다민족을 포용한 채로 자결권을 승인하고, 민족자결원칙을 제시하면서 식민지 국가의 민족해방 투쟁을 지원한다고 발표했다.

미국 대통령 윌슨은 1918년 1월 의회에서 '14개조 평화원칙'을 공표했다. 그 내용은 ① 강화조약의 공개와 비밀외교의 폐지, ② 공해(公海)의 자유, ③ 공정한 국제통상의 확립, ④ 군비 축소, ⑤ 식민지 문제의 공정한 해결, ⑥ 프로이센으로부터의 철군과 러시아의 정치 변화에 대한 불간섭, ⑦ 벨기에의 주권 회복, ⑧ 알자스 로렌의 프랑스 반환, ⑨ 이탈리아 국경의 민족 문제 자결, ⑩ 오스트리아-헝가리 제국 내의 여러 민족의 자결, ⑪ 발칸 제국의 민족적 독립 보장, ⑫ 터키 제국 지배하의 여러 민족의 자치, ⑬ 폴란드의 재건, ⑭ 국제연맹의 창설 등이다. 전쟁 전 독일과 터키 등의 식민지 영토는 승전국이 차지(분할)한다는 내용이 중심이었다.

각 민족은 그 정치적 운명을 스스로 결정할 권리를 가져야 하며 외부로부터 간섭을 허용하지 않는다고 하는 민족자결주의는 19세기 유럽에서 제기된 내셔널리즘(민족주의)의 고양과 함께 약소민족의 자주독립사상으로 널리 인식되었다.

1차 세계대전 결과 독일·터키·오스트리아 제국이 붕괴하고, 그 판도에 있었던 종속민족들의 처리 문제가 시급한 국제사회의 현안으로 떠올랐다. 윌슨의 '14개조 평화원칙'은 이 같은 상황에서 제기되었다.

2. 3·1 혁명의 기운이 싹트다

기미년(1919) 3·1 혁명은 어느 한순간에 갑자기 일어난 일이 아니다. 이날을 위해 수많은 사람이 국내외에서 소리 없이 준비하고 있었다. 1919년 초, 상하이에서는 여운형 등이 조직한 신한청년당이 김규식을 파리

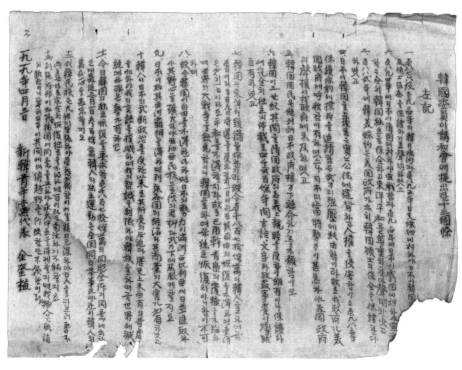

신한청년당이 파리강화회의에 제출한 13개조.

강화회의에 파견하고, 국내와 일본에 밀사를 보내 독립운동의 계기를 만들고 있었다. 특히 동학 3대 교주이면서 동학을 천도교로 이름을 바꾼 손병희(1861~1922)는 나라의 힘이 약한 한국이 독립하기 위해서는 민족 내부의 힘을 축적했다가, 요동치는 국제정세를 적극적으로 이용해 일제에 큰 타격을 주고 독립을 쟁취해야 한다고 판단하면서 움직이고 있었다. 기독교 일부에서도 비슷한 시기에 천도교 측과 연대하면서 궐기를 모색했다.

당시 일제는 청일전쟁(1894~1895)과 러일전쟁(1904~1905)에서 승리하고 조선을 병탄(1910)한 데 이어, 1차 세계대전(1914~1918)의 승전국으로서 막강한 국력과 군사력을 갖춘 세계적 강국이었다. 1918년 12월 초, 일본 신문에 1919년 1월 18일부터 파리에서 강화회의가 열리고, 여기에 일본 대표가 파견된다는 내용과 일본 정부의 외교방침 등이 보도되었다. 이 때 손병희의 눈길을 사로잡는 대목이 있었다. 윌슨 미국 대통령이 제창한 '14개조 평화원칙' 등이 평화회의에서 논의될 것이라는 기사였다. 물론 신문기사는 민족자결원칙이 유럽의 폴란드, 불가리아, 체코슬로바키아 등의 민족 문제 처리에만 적용되는 것처럼 썼다. 한국 문제는 전혀 언급이 없었다.

손병희와 천도교 지도자들은 이때를 놓쳐서는 안 된다는 각오로 여러 가지 대책을 준비했다. 천도교 안에서는 민족문화수호운동본부와 비밀결사 '천도구국단'이 만들어지고, 거사를 준비했다.

기미년 3·1 혁명의 거족적인 항쟁의 한 줄기는 천도교의 '천도구국단'에서 발원한다. 윌슨의 민족자결원칙이 발표되면서 천도교 지도자이종일 등이 손병희를 찾아와 민중봉기의 계획을 설명하고, 1918년 1월에 다른 종교단체와 연합하여 대한문 앞이나 탑골공원에서 시위를 일으키고자 했다. 그러나 손병희는 아직은 때가 아니라고 판단해 이를 만류했다. 다른 종교인들과 연합하여 범민족적인 규모로 봉기하여 독립을 쟁취하겠다는 생각이 있었기 때문이다.

손병희는 날마다 측근들과 함께 국제정세와 민족 문제를 논의했다. 1918년이 저무는 12월 중순부터 이들이 논의하는 시간도 길어져 갔다. 시간이 흐르고 국제정세도 변화해 갔지만 일제는 조선 민족 문제를 새

손병희.

롭게 해결하고자 하는 데에는 뜻이 없고, 오히려 지금 같은 지배방침에
변함이 없을 것이라는 전망이 뚜렷해졌다. 천도교 측은 비록 일제의 조
선 민족 문제를 대하는 근본 방침에 변함이 없을지라도 민족자결원칙의
새로운 물결 앞에서 우리 민족이 그대로 방관만 할 수는 없다고 생각했
다.

마침내 지금이 일제의 부당한 국권 박탈을 규탄하고, 잔인한 무단통
치를 고발하여, 우리의 주권을 회복하고 독립을 달성하고자 하는 우리
의 의사를 세계 여론에 호소해야 할 시기라는 데 의견을 모았다. 그러나
이 목적을 어떻게 달성할지, 어떤 방법을 선택할지는 여전히 판단을 내
리지 못했다.

이때 천도교 지도층은 국권을 회복하는 방안으로 다음 여섯 가지를
신중하게 고려했다.

2. 3·1 혁명이 싹트다

첫째, 무력봉기이다. 한때 천도교 안에 무기를 구입하는 등 준비를 했지만, 1894년 동학혁명의 좌절로 보아 실행이 어려웠다.

둘째, 대중시위의 수단이다. 자칫 폭력시위로 전개되면 엄청난 국민의 희생자를 내게 되므로 배제되었다.

셋째, 외교활동의 전개이다. 국제정세로 보나 헤이그 특사 파견의 좌절로 보나 현실성이 어렵다는 판단이었다.

넷째, 국민대회의 개최이다. 각 도 각계의 대표들을 서울에 소집하여 조선독립대회를 개최하고 선언문과 결의문을 채택한다는 방안이다. 가장 합리적인 방법이지만 가장 실현성이 없고 실효성이 없다는 판단에서 배제되었다.

다섯째, 독립청원서 제출이다. 이 방안은 일제로부터 냉담한 반응만 살 뿐이요, 도리어 탄압만 더 강화될 소지가 있었다.

여섯째, 독립선언문의 발표이다. 개인이나 단체 명의보다 전 민족의 이름으로 독립선언문을 가두와 기관 요로에 배포하고, 철시(시장이나 가게가 문을 닫고 영업을 하지 않음) 단행, 기도회와 강연회 개최, 일본인 배척, 일화배격의 무언실행(일본 상품을 말없이 배격함) 등을 구상했다.

이 가운데 여섯째 방안을 두고 내부에서 구체적인 실행방법이 검토되었다. 이때가 1919년 1월 초순쯤이다.

1919년 2월 28일, 손병희는 거사를 앞두고 천도교 3세 교주의 지위를 종교 안의 통지문인 「유시문(諭示文)」을 통해 대도주 박인호에게 넘겼다. 손병희는 3·1 구국선언을 주도하면서 동학의 3세 교주, 그리고 천도교를 창건한 교조의 지위를 후임자에게 이양했다. 박인호 대도주에게 교단 운영의 중책을 맡긴 것은 손병희 스스로가 죽음을 각오하고 3·1 혁명에 임하겠다는 결의를 나타낸 것이다.

천도교 측은 전 민족의 이름으로 독립선언을 하기로 전략을 세웠다. 기미년 3·1 혁명은 이렇게 하여 물꼬가 트였다. 천도교 내에서 지속적으로 추진되어 온 항일독립운동의 연장선이었다.

3. 재일유학생과 상하이 신한청년당

이 무렵 일본에 있던 한국 유학생들도 긴밀하게 움직였다. 일본 유학생들은 1918년 12월 15일 자 ≪재팬 애드버타이저(The Japan Advertiser)≫가 "한국인, 독립 주장"이라는 제목으로 미국에 거주하는 한국인들이 독립운동에 대한 미국의 지원을 요청하는 청원서를 미국 정부에 제출했다고 보도한 기사를 관심 있게 보았다. 또 이 신문의 12월 18일 자 "약소민족들 발언권 인정 요구"라는 기사를 통해 뉴욕에서 열린 세계약소민족동맹회의 2차 연례총회가 파리강화회의 및 국제연맹에서 약소민족의 발언권을 인정해야 한다고 주장한 내용, 한국 대표가 이에 포함되었다는 보도를 알게 되었다.

≪재팬 애드버타이저≫는 고베에서 영국인이 발간하는 영자신문이어서 일본 정부의 통제를 받지 않고 이런 기사를 실을 수 있었다. 한국 유학생들은 이 같은 국제정세를 자주독립을 이룰 절호의 기회로 받아들였다.

1917년 윌슨의 민족자결주의 선언으로 국제정세의 변화, 해삼위(블라디보스토크)에서 망명한 지사들이 발표한 「대한독립선언서」, 그리고 상하이에서 활동하는 독립지사들의 소식을 접한 재일 한국 유학생들은 민감하게 반응하면서 이를 주체적으로 해석하며 대책을 논의했다.

1차 세계대전이 끝나면서 미국 대통령 윌슨은 자신의 특사 찰스 크레인을 중국에 보냈다. 크레인은 전쟁이 끝난 뒤에 열릴 강화회의에서 미국이 어떤 입장을 취할지 설명하고, 중국도 대표를 파견하도록 권고하라는 임무를 맡았다. 1918년 11월, 크레인이 상하이에 도착하자 중국 정부는 환영회를 개최했다. 신한청년당 대표 여운형도 이 자리에 참석했다.

크레인은 "지금 파리에서 개최되고 있는 세계평화회의는 각국 모두 중대한 사명을 다하는 것으로 그 영향력도 또한 클 것이다. (……) 피압박 민족에 대해서는 해방을 강조함에 따라 피압박 민족에게는 해방을 도모하는 데 최적의 기회이기 때문에 중국에서도 대표를 파견해 피압박 상황을 말하고 그 해방을 도모해야 한다"는 요지의 연설을 했다.

여운형은 이 연설을 듣고 크레인의 숙소를 방문하여 한민족의 식민지 사정을 설명하고 한국 민족도 대표를 파견할 수 있는지 여부를 물었다. 크레인은 여운형에게 미국 정부의 의사는 알 수 없으나 개인적으로는 지원하겠다고 응답했다.

여운형은 동지들과 상의한 끝에 파리에 파견할 대표로 영어에 능숙한 김규식을 택했다. 중국 톈진에 머물던 김규식을 입당시키고, 이와 동시에 이사장(대표)으로 추대하여, 신한청년당의 대표이자 한국 대표로 파리에 파견하기로 했다. 파견에 필요한 경비는 여러 경로로 마련했다. 장덕수는 부산 백산상회 안희재에게서 2천 원, 김철은 손병희를 통해 천도

파리강화회의에 참석한 김규식과 한국 대표단(앞줄 맨 왼쪽이 여운홍, 맨 오른쪽이 김규식, 뒷줄 왼쪽에서 둘째가 이관용, 셋째가 조소앙).

교에서 3만 원을 받고, 김규식이 1천 원을 내놓았다. 이렇게 활동자금 10만 원을 마련해서 김규식이 파리로 갈 수 있었다.

김규식은 1919년 2월 1일에 프랑스 우편선 편으로 상하이를 출발해 한 달여가 지난 3월 13일에 파리에 도착했다. 김규식은 파리 시내의 불라베라는 시인 부부의 집에 사무실을 차리고, 타이피스트와 통역을 구하여 '한국공보관'을 설치하는 등 곧바로 활동을 시작했다.

4. 독립선언에 참여를 거부한 친일파들

손병희를 중심으로 하여 오세창, 권동진, 최린, 이종일 등 천도교 지도층
은 독립선언을 위한 모든 준비를 서둘렀다. 다른 종교 지도자와 각계 인
사들의 참여를 이끌어 내기 위해 1차로 선정한 대상은 윤용구, 박영효,
한규설, 윤치호 등이었다.

윤용구는 구한국 대신으로 병탄 초에 일제가 주는 작위를 받았으나
품성이 고결한 사람으로 알려져 있었다. 박영효는 철종의 부마(임금의 사
위)로서 개화운동의 선구자였으나 일제의 작위를 받았다. 그러나 작위
를 받은 이를 참여시키는 것도 중요하다고 보아 이들을 선정했다. 한규
설은 을사늑약 체결 당시 참정대신으로 을사늑약을 반대한 인물이었
다. 윤치호는 일본이 한국의 민족주의자들을 탄압하고자 날조한 사건인
105인 사건(1911년. 신민회 사건이라고도 함)에 연루되어 옥고를 치렀는데, 미
국인들 사이에서 신임이 두터웠다. 하지만 이들은 독립선언을 준비하는
이들의 생각과 달리 이런저런 이유를 들어 하나같이 몸을 사리며 참여
하기를 거부했다.

손병희는 이들뿐만 아니라 병탄(매국) 7적들 중에서도 으뜸이라 할 이
완용을 끌어들이는 것이 운동에 효과적일 것으로 판단했다. 그래서 조
카이자 천도교도인 이회구를 데리고 은밀히 이완용의 집을 방문했다.
이때 이완용은 자신을 설득하러 온 이들에게 이렇게 말했다.

"나는 2천만 동포에게 매국적이라는 이름을 들은 지 이미 오래입니다. 이
제 새삼스러히 그런 운동에 가담할 수 없소이다. 이번 운동이 성공하여 독

립이 되면 나를 때려죽일 사람은 서울서도 먼 다른 동리 사람들을 기다릴 것 없이 우리 동네 이웃 사람들에게 맞아 죽을 것이외다. 손 선생의 이번 운동이 성공하여 내가 그렇게 맞아 죽게 된다면 다행한 일이올시다."

이완용은 민족 앞에 마지막으로 자신의 죄를 갚을 기회조차 저버렸다. 손병희가 종교적인 신심에서 그에게 마지막 기회를 주었으나 매국노는 끝내 참회를 하지 않았다. 다만 이완용은 이 일을 일제에 누설하지 않았다. 실오라기 같은 양심은 남아 있었던 걸까? 그러나 3·1 혁명이 벌어지던 때에 이완용은 ≪매일신보≫에 "황당한 유언(流言)에 미혹지 말라"는 제목의 글을 포함해 세 차례나 악의적인 글을 쓰면서 철저히 매국노의 길을 걸었다.

3·1 혁명을 완강히 거부했던 세력은 이들뿐만이 아니었다. 그 세력을 분류하면 다음과 같다.

첫 번째 부류는 매국 5적을 비롯하여 일제로부터 작위를 받았던 골수 친일 매국노들이다. 일제 강점 9년 동안 조선 사회의 지배층이 된 이들은 3·1 혁명이 일어나자 불안과 공포에 떨면서 일본으로 피신한 자들(백작 이지용과 한상룡)도 있었고, 총독부에 무력진압을 요청한 자도 있었다. 특히 남작 작위를 받은 이석주는 "힘으로 복종시키지 않으면 독립소요가 더욱 거세질 터이니, 반드시 무력으로 복종시키라"고 총독에게 주문했다.

두 번째 부류는 친일관료 그룹이다. 병탄과 함께 총독부의 고위 관료가 된 이들은 앞장서서 시위 진압에 나섰다. 함경남도지사 이규완은 "일부 불령한 도배의 선동을 가차 없이 처벌할 것"을 촉구하고, 황해지사

1919년 4월 5일 자 ≪매일신보≫에 실린 이완용의 글. 그는 경고문을 통해 3·1 혁명의 실패를 주장했다.

신응희는 "독립은 망설이니 경거망동치 말라"고 국민을 협박했다. 전북 지사 이진호도 유사한 협박성 발언을 일삼았다.

세 번째 부류는 대지주 등 친일 매판자본가들이다. 호남의 대지주 현기봉은 남도 지역을 순회하면서 농민들이 만세시위에 나서지 못하도록 선동하고, 대구 지역 자본가들은 '대구자제단'을 조직해 "폭도가 날뛰지 못하도록" 자제토록 경고하면서, 회원들에게 만세 부르는 사람들을 '밀고'하라고 지시하기도 했다.

네 번째 부류는 종교계의 일부 세력이다. 동학에서 파생했으나 친일 배족에 앞장선 시천교(侍天敎)의 포덕사 김기현은 "조선 독립을 선언한 자는 천황폐하의 은덕을 망각한 무리"라고 망발하고, 병탄 후 한국에 뿌

44

리를 내린 '일본조합기독교회'의 라일봉, 신명균 목사 등은 각종 선전
팸플릿을 제작하여 만세시위에 나선 동포를 사탄이라고 매도했다. 천주
교와 구세군사관학교도 만세를 거부하고 반대 측에 섰다.

다섯 번째 부류는 일제로부터 은사금을 받은 유생들, 일본 유학생 출
신 등 지식인 계층, 경찰과 공무원 등 상류층이다. 이들은 만세시위에 나
선 이웃들을 갖은 감언이설로 겁박했다. 경찰에 밀고하기도 하고 소작
에서 제외하기도 했다.

3·1 혁명은 이같이 어려운 상황에서 두 달 동안 조선 13도에서 뜨겁
게 전개되었다.

5. 독립운동기금 모으기

독립운동도 자금이 없으면 실현이 어렵다. 특히 많은 사람을 동원해야 하고, 다른 종교의 협력을 이끌어 내기 위해서는 적지 않은 돈이 필요했다. 천도교는 민족적인 거사를 앞두고 기금을 준비했다. 천도교는 이미 국내외의 독립운동에 많은 돈을 지원하고 있었다. 여운형이 김규식을 파리강화회의에 파견할 때 3만 원을 주었고, 3·1 혁명 준비과정에서 기독교 측에 5천 원을 건네는 등 독립운동자금의 '뒷돈'은 대부분 천도교의 몫이었다.

천도교는 독립운동자금을 마련하기 위해 3·1 혁명 전해인 1918년 4월 4일 부구총회(部區總會, 전국 각 부서의 총회)에서 중앙대교당과 중앙총부 건물을 신축하기로 결의했다. 이에 따라 각 연원을 통해 교인 집마다 10원 이상씩의 건축특성금을 10월 28일 교조 수운 최제우의 탄신기념일까지 모금했다. 모금이 시작되자 총독부는 기부행위금지법 위반이라는 이유로 한성은행에 3만 원, 상업은행에 3만 원, 한일은행에 6천6백 원 등 모두 6만 6천6백 원의 예금을 동결시켰다.

이러한 일제의 방해를 무릅쓰고 많은 교인은 논밭과 황소 등을 팔아 성금을 냈는데, 일경의 감시를 피하기 위해 건축성금을 되돌려받은 것처럼 위장하기도 하고 성금액수를 10분의 1로 줄여 장부에 적기도 했다.

이렇게 해서 교당 건축성금으로 약 1백만 원이라는 거액이 모였다. 그중 27만 원은 대교당과 중앙총부 청사 건축에 사용되고, 나머지 건축성금의 대부분은 3·1 혁명을 비롯한 해외 독립운동 군자금으로 사용되었다. 총부는 이 성금으로 그해 가을에 경운동 88번지 일대의 대지 1,824

평을 매입하여, 12월 1일 교일기념일(현도기념일)에 중앙대교당 기공식을 거행했다.

천도교 중앙총본부의 원로 격인 권동진과 오세창은 1918년 12월경부터 몇 차례 만나 서로 세계정세를 이야기했다. 이들은 민족자결주의는 이제 세계적인 대세이며, 이미 폴란드는 국가부흥을 선언했고, 체코슬로바키아 민족은 독립을 선언했고, 그 밖에도 서양에서는 민족독립이 활발하게 전개되고 있으며, 더욱이 이 운동들은 미국을 비롯하여 열강의 원조 또는 승인을 얻고 있으니, 지금이 조선 독립을 기획하는 데 가장 좋은 시기라는 데 의견을 모았다. 이들은 신문통신기사 등 외신도 빠트리지 않고 확인했다.

그러다가 1918년 12월 하순경부터 권동진과 오세창은 천도교가 경영하는 경성보성고등보통학교 교장 최린과 만나서 자신들의 생각을 전달하고 최린의 의견을 구했다.

최린도 이들의 생각에 동의했다. 그 실행방법으로 일본 정부, 귀족원, 중의원, 정당 수령, 조선 총독에게는 국권반환의 청원서를 제출하고, 미국 대통령과 파리강화회의에는 항구적인 평화를 기초로 하는 신세계가 막 건설되려는 오늘날 유독 조선은 이 은혜에서 빠진 것은 물론 되려 일본의 압박정치하에 있다는 것을 호소하여 동정을 이끌어 내 국권부흥의 원조를 구하는 한편, 조선인 여론을 환기하는 데 힘쓰고, 세계 여러 강국이 조선 일반인의 의사표시를 인정하게 만드는 일에는 천도교만의 힘으로는 불가능하다는 데 인식을 같이했다.

이뿐만 아니라 외국과의 교섭관계에서 보더라도 유력한 기독교 단체와 협력하고, 나아가 귀족 및 고로(古老, 나이 든 지도층 인사)의 일부를 참여시킴으로써 소리를 높여 대대적 운동을 개시하면, 조선 독립을 얻는 것이 반드시 어려운 일만은 아니라고 믿었다.

또한 이 운동으로 당장 성과를 거두는 일은 불가능하더라도 조선 독립의 기운을 촉진하는 데는 효과가 매우 클 것이라 생각해, 권동진과 오세창, 최린은 독립운동을 실행하기로 결의했다. 1919년 1월 25~26일경, 이들은 함께 천도교주 손병희를 방문하여 이 기획을 말했고, 손병희는 신명을 다해 조국을 위해 노력할 것을 맹세했다. 이로써 천도교는 독립운동의 방침을 명확히 정했다. 1919년 3·1혁명이 마침내 첫발을 내딛게 되었다.

이렇게 기독교와 운동을 함께하기로 결정했으나 천도교도 중에는 기독교도와 교섭하는 임무를 맡을 적당한 인물이 없었다. 최린은 고민 끝에 기독교도와 친교가 있고, 또 지조도 굳고 문필에 능하며, 청년 학생들 사이에서 가장 신망 있는 저술가이자 출판업자인 최남선(1890~1957)을 설득하기로 했다. 최린은 1월 28일경 최남선을 찾아가 이 운동의 기획을 이야기하고 함께하자고 말했다. 그러자 최남선도 이에 흔쾌히 동의하며, 스스로 기독교 측과 교섭하는 임무를 맡기로 했다.

그런데 그 후 천도교 측에서는 비밀이 누설될 것을 우려해, 천도교 최고 간부에게조차도 이런 사실들을 숨겼다. 기독교 측과 함께하기로 약속하고 운동을 실행할 시기를 대략 결정하자, 손병희와 권동진, 오세창은 2월 25일부터 27일까지 3일 동안 경성에 있는 최고 간부와 당시 경성에 와 있던 지방 최고 간부인 ≪천도교월보≫ 과장 이종일, 승례 권동진, 도사 양한묵, 김완규, 홍기조, 홍병희, 나용환, 박준승, 나인협, 임종환, 장로 이종훈 등 11명에게 이 사실을 전달했다(조선총독부, ≪고등경찰요사≫).

6. 광고지 뒷면에 쓰인 '독립선언서'

천도교 측이 주체가 되어 은밀히 독립선언 준비를 추진했다. 민족의 자주독립선언은 일제의 법률에 따르면 보안법과 치안유지법 내란죄에 해당하는데, 이를 위반하면 사형이었다. 즉 자주독립선언은 죽음으로 가는 길목이었다. 이렇듯 위험한 일에 윤용구, 한규설, 박영효, 윤치호 등 원로급이 하나같이 참여를 거부하자, 독립선언을 준비하는 사람들은 "그 사람들은 이미 노후한 인물들이다. 독립운동은 민족적 제전이다. 신성한 제수(祭需)에는 늙은 소보다 어린 양이 좋다. 차라리 깨끗한 우리가 제물이 되면 어떠하나"는 의견에 따라 인선 기준을 바꿔 중견 인사들을 참여시키기로 했다.

기독교계에서 신망이 높은 이승훈(1864~1930)이 참여하면서 기독교와 연대하게 되었고, 기독교 측은 이승훈, 불교계는 한용운(1879~1944)이 교섭 책임을 맡았다. 천도교 측은 손병희의 몫이었다.

손병희는 2월 25~27일에 임예환, 나인협, 홍기조, 박준승, 양한묵, 권병덕, 이종일, 김완규, 나용환, 이종훈, 홍병기 등의 동의를 받았다. 여기에 손병희, 권동진, 오세창, 최린을 더해 15명이 선정되었다.

기독교 측은 2월 27일 이승훈이 주도해 박희도, 이갑성, 오화영, 최성모, 이필주, 함태영, 김창준, 신석구, 박동완 등 10명이 이필주의 집에 모여 독립선언서에 서명하기로 합의했다. 이들 중 함태영은 서명자들이 구속될 것에 대비해 가족들을 돌보기 위해 제외하고, 신홍식, 양전백, 이명룡, 길선주, 유여대, 김병조, 정춘수 등 7명을 다시 교섭하여 모두 16명의 민족대표가 선정되었다.

불교 측은 한용운이 2월 24일부터 각지 중요 사찰의 승려들에게 독립선언 준비 사실을 극비리에 알리면서 서명에 참여할 것을 종용했으나 대부분 거부하고 해인사의 백용성만이 서명했다.

유림 측에서는 향리 성주에 있는 김창숙(1879~1962)에게 전갈이 갔으나 마침 어머니가 아파서 김창숙이 집에 없던 탓에 전갈이 전달되지 못했다. 김창숙이 2월 27일경 상경했을 때는 서명자가 이미 결정되고, 독립선언서도 인쇄에 들어간 뒤라서 끝내 그는 독립선언서에 서명하지 못했다. 김창숙에게 이는 '천추의 한'으로 남았다. 김창숙은 이후 유림을 동원해 파리장서운동을 벌이는 등 별도의 독립운동을 폈다. 파리장서운동은 유림의 대표 137명이 2,674자에 이르는 장문의 한국독립청원서를 파리강화회의에 보낸 사건을 말한다. 청원서는 짚신으로 엮어서 상하이 임시정부로 가져갔다고 한다. 이 사건으로 수많은 유림이 피체되고 투옥되었다.

이로써 최종 독립선언서에는 천도교 측 15명, 기독교 측 16명, 불교 측 2명 등이 서명함으로써 마침내 33명의 민족대표가 선정되었다.

독립선언운동의 준비를 맡은 최린 등은 선언서의 기초를 최남선에게 맡기기로 했다. 최남선은 일본 와세다 대학에서 공부하다가 동맹휴학으로 중퇴하고, 이광수 등과 사귀면서 서구 문학 작품을 탐독했다. 조선으로 돌아와서 도서출판 신문관을 세우고, 잡지 ≪소년≫ 등을 발행하면서 근대문학의 개척자가 되었다. 최남선은 당시 조선의 제일가는 문인이자 문필가로 이름을 날리고 있었다.

1919년 2월 초, 최남선은 "일생애를 통하여 학자의 생활로서 관철하려고 이미 결심한 바 있으므로 독립운동 표면에는 나서고 싶지 않으나 독립선언 문건만은 내가 지어 볼까 하는데 그 작성 책임은 형이 져야 한다"고 하면서 서명에서 빠졌다(여기에서 '형'은 최린을 말한다).

최남선은 독립선언서를 쓰는 영광을 차지하고도 뒷날 변절하여 역사에 큰 오명을 남겼다. 독립선언 준비에 크게 기여한 최린도 초심을 잃고 최남선과 같은 길을 걸었다.

한편, 만해 한용운은 독립선언서를 최남선이 쓰기로 했다는 소식을 전해 듣고 최린을 찾아갔다. 독립운동에 직접 책임을 질 수 없다는 사람에게 독립선언서를 쓰게 할 수는 없다며, 자신이 쓰겠다고 했으나 이미 내린 결정은 바뀌지 않았다. 한용운은 독립선언서 뒷부분에 '공약 3장'을 추가했다.

최남선은 독립선언서뿐만 아니라 일본 정부와 귀족원, 중의원 및 조선총독부에 보내는 통고서, 그리고 미국 대통령 윌슨에게 보내는 청원서와 파리강화회의에 참석한 나라들의 위원들에게 보내는 서한 등을 도맡아 썼다. 최남선은 당시를 이렇게 이야기했다.

"내가 독립선언서를 쓴 때는 29세의 청년 시절이었다. 나는 종이에 대하여 극히 애중하고 나쁘게 말하면 인색하다고 할 버릇이 있다. 그러므로 신문지와 함께 배달이 되는 광고용 전단지와 같은 것을 일일이 모아 두고, 대소에 응해서 혹 한 장 두 장씩을 내어 쓰는 것이 상사(常事)이었다.

독립선언서 이하 그에 부수되는 모든 문자도 이러한 광고지의 배후에 기초했던 것인데, 일본 정부에 통고하는 문자는 장문이므로 광고지 여러 장을 연철해 쓰고, 독립선언서도 4, 5매의 광고지를 풀로 붙여 초지(草紙)로 사용했다.

그것을 항아리에 넣어서 지하에 묻어 두었다가, 재옥 34개월 후에 나와서 내어 보니까, 우수(雨水)가 침투해서 반은 썩고 반은 덩어리져서 문자를 변별할 수 없이 되었었다. 그나마도 1·4 후퇴 후 전화에 없어지고 말았다.

문자의 기술과 같은 것은 대개 야간을 이용하고, 또 그중에서도 비밀을 요하는 것은 타인이 생각하지 못할 처소를 빌어 쓰기로 했다.

독립선언서 이하의 모든 문자는 신중에 신중을 기하고, 비밀에 비밀을 지킬 필요로부터 근린의 어느 일본인(小擇) 집 중학생의 공부방을 상당한 동안 차용하여 아무도 모르게 원만히 작성했던 것이다."

7. 독립선언서 인쇄 중 나타난 악질 한인 형사

독립선언서는 천도교 인쇄소인 보성사에서 인쇄하기로 했다. 이종일이 제작 책임을 맡았다. 그런데 하마터면 모든 것이 헛수고가 될 뻔했다. 인쇄를 한창 하고 있는데 총독부 악질 한인 형사 신승희가 주변을 순찰하다가 이상한 낌새를 눈치채고 인쇄소 안으로 불쑥 들어왔다. 그때의 긴박했던 순간을 손병희의 부인 주옥경은 다음과 같이 들려준다.

"독립선언서를 인쇄하던 때에 천도교회에서 보성사 인쇄소와 보성소학교·중학교와 보성전문학교를 다 경영했었습니다.

지금 수송동 불교 총무원 자리 그 운동장 맨 끝에 2층 건물로 된 보성사 인쇄소가 있었는데, 인쇄 시설은 지하실 같은 그 건물의 아래층에 있었습니다. 이종일 씨라는 분이 인쇄를 맡아서, 낮에는 다른 인쇄물을 취급하고 직공들을 일찍 돌려보낸 다음, 밤에는 사방 문을 걸어 잠그고 불빛이 새어 나가지 않도록 창문을 가리고 인쇄했는데, 공교롭게도 신승희라고 하는 유명한 한국인 악질 형사에게 걸려들게 되었습니다.

바로 이 신승희가 우리 보성사 주위를 순찰하다 보니, 밤중에 인쇄하는 소리가 달가닥거리는데, 사방 문에 불빛이 보이지 않으며, 다만 공기통으로 불빛이 새어 나오더라는 것입니다. 그래서 문을 두드리니 이종일 씨는 그만 기절할 지경이었습니다. 어디다 인쇄물을 감출 수도 없고 당장 악마 같은 그 형사는 문을 벗기라고 소리소리고, 어이구, 한울님 맙소서, 이젠 만사가 다 글렀다고 생각하면서, 하는 수 없이 문을 열어 주었다 합니다.

그랬더니 그 신승희가 들어와서 한번 인쇄소 안을 훑어보자마자 모든 일이 탄로 나고 말았었습니다. 그래서 이종일 씨는 그만 그 신승희의 발밑에 엎드려, 제발 당신도 우리나라 백성이면 독립을 원하는 마음은 같을 게 아니냐고, 하루만 기다리면 내일은 다 세상에 알려질 일이니 그저 오늘 하루만 못 본 것으로 해 달라고 애걸복걸했답니다.

그리고 여기 잠시만 기다리고 계시면 내 잠깐 우리 의암 선생을 뵙고 오겠다고 하고는 우리 집으로 달려오지 않았겠습니까.

이 말을 들은 그 양반은 즉시로 서슴지 않고 오천 원 뭉치를 이종일 씨에게 맡겼습니다. 그래서 신승희가 오천 원 먹고 눈을 감아 주었습니다.”

8. 3·1 독립선언, 비폭력을 내세우다

3·1 혁명을 기획하고 주도한 사람들은 처음부터 끝까지 ‘비폭력’을 내

세웠다. 천도교의 독립선언 3대 원칙은 "첫째, 독립운동은 대중화할 것, 둘째, 독립운동은 일원화할 것, 셋째, 독립운동의 방법은 비폭력으로 할 것"이었다. 이 뜻은 최남선에게도 전달되었고, 독립선언서의 기본원칙이 되었다.

독립운동사를 연구하는 사람들 중에는 종교계의 '비폭력 방법'을 '투항주의적'이라는 등 비판하는 이들도 있다. 그러나 당시 조선의 상황을 들여다보면 비폭력주의를 내세울 수밖에 없었음을 이해하게 될 것이다.

당시 조선에는 조선 주둔 일본 정규군 2만 3천여 명, 일제 헌병경찰 1만 3,380명, 조선총독부 관리 2만 1,312명, 일본인 이주민 34만 명 중 무장한 이주민 2만 3,384명 등 무장한 사람만 약 8만 1,076명이 있었다. 일제는 그 밖에도 언제든지 한국으로 파병할 수 있는 막강한 군사력을 보유하고 있었다.

일제는 조선을 완벽하게 통치하고자 전국에 수천 개의 일본군 주둔소와 헌병·경찰관 주재소와 조선총독부 행정조직을 거미줄같이 늘어놓고, 총검으로 식민지인 우리나라를 무단통치하고 있었다.

일제는 1907년 9월 3일에 이른바 「총포 및 화약류 단속법」을 만들어 한국인의 총기 소지나 운반을 철저히 억압했다. 1910년 병탄 이후에는 이 단속법을 더욱 강화했다. 한국인은 철저히 무장해제된 상태여서 산짐승이 날뛰어도 이를 처치할 총기 하나도 없었다. 박은식(1859~1925)은 이를 두고 "한국인은 일제의 탄압으로 '촌철(寸鐵, 작고 날카로운 쇠붙이나 무기)'도 갖지 못했다"고 지적했다.

"당시의 사회적 조건을 고려할 때 만일 3·1 운동의 지도자들이 민중에게

폭력 방법을 요청했다면 3·1 운동은 민중들에 의해 자발적으로 파급되어 1,700만 명의 국민 중에서 2,020,000만여 명이 봉기한 대중운동으로 발전하지 못했을 것이다. 파고다공원과 기타 요소에 일본군 몇 개 중대나 몇 개 대대만 투입해도 진압되는 소규모 무장폭동으로 끝나고 말았을 것이 분명하다."(신용하, 「3·1 운동은 누가 왜 어떻게 일으켰는가」, ≪신동아≫, 1989년 3월호)

거사일을 3월 1일로 결정한 데에도 각별한 의미가 있었다.

"첫째, 당시 고종 황제의 국장을 2~3일 앞두고 각 지방에서 다수의 인사가 서울에 모일 뿐 아니라 고종 황제를 일인들이 역신배(逆臣輩)를 사주하여 독살했다는 말이 떠돌았기 때문에 인심은 극도로 격분했다. 예로부터 천시지리인화(天時地理人和, '하늘의 때는 땅의 이득만 같지 않고, 땅의 이득은 사람들의 화합만 못하다'는 뜻으로, 『맹자』에 나오는 말이다)는 사업을 성취하는 데 있어서 3대 조건이라고 하는 말도 있거니와 이러한 시기야말로 가위천여(可謂天與, '하늘이 준 때'라는 뜻)의 시기라고 할 것이다.

둘째, 이날은 조선 민족에 영원한 기원이 될 날이다. 이 운동은 조선 민족의 성스러운 과업으로서 타일에 이 시일과 이 운동을 합쳐서 부르게 된다면 그것이 곧 이 운동의 명사(名詞)가 되는 것이다. 이름이란 실체를 대표하는 말이므로 이름과 실체가 부합되어야 하는 법이다.

우리는 3월 1일을 요약하여 부르기를 三一이라 하고 여기에다 이 운동을 가해서 부르기를 3·1 운동이라고 한다. 그리고 三一은 삼위일체의 철학적 용어로서 여러 가지로 적용할 수 있는 말이다. 말하자면 3교단이 일체가 되어서 일으킨 의미도 되고, 영토·인민·주권의 3요건으로서 일국가가 성립

된다는 의미로서도 삼위일체가 부합되는 것이다."(최린, 『여암문집』)

9. 민족대표 33명의 서명 순서

독립선언서에 서명할 사람들이 확정되자 2월 27일 밤 최린의 집에 기독교 측 대표 이승훈, 이필주, 함태영, 불교 측 대표 한용운, 그리고 개인 자격으로 최남선이 모였다. 이 자리의 주요 의제는 독립선언서에 서명하는 순서를 정하는 것이었다.

기독교 측은 서명자의 순서를 연령순으로 하거나 가나다순으로 하자고 제의했다. 그러자 최린이 그렇게 되면 위계질서가 확고한 천도교 측에서 볼 때는 선생과 제자의 순서가 바뀌게 되므로 곤란한 지경에 빠진다고 지적했다.

한참을 논의한 끝에서야 결론에 이르렀다. 인물로 보나 거사의 동기로 보나 손병희 선생을 영도자로 모셔 제일 위에 쓰고, 두 번째에는 기독교를 대표하는 길선주(장로교파) 목사를, 세 번째에는 이필주(감리교파) 목사, 그리고 불교 측을 대표하여 백용성(승려)을 네 번째에 쓰기로 합의했다. 또한 손병희, 길선주, 이필주, 백용성을 제외한 나머지 29명은 이름의 가나다 순으로 서명하기로 했다.

민족대표에 서명하지 않은 주요 인사는 앞에서 지적한 바 있는 함태영 외에 박인호와 송진우, 현상윤 등이 있었다. 이들은 3·1 항쟁 거사가 끝난 뒤에도 계속 운동지도를 맡기 위해 서명에서 빠졌다. 그리고 최남선은 스스로 "학자로서 일생을 마치기"로 결심한 그의 생각을 받아들여

서명하지 않았다.

결국 독립선언서에 최종 서명한 민족대표 33명은 다음과 같다(괄호 안은 당시 나이).

천도교: 손병희(59), 권동진(59), 최린(42), 오세창(56), 임예환(55), 권병덕(53), 이종일(62), 나용환(56), 나인협(49), 홍기조(60), 김완규(44), 이종훈(65), 홍병기(51), 박준승(54), 양한묵(58)

기독교: 이승훈(56), 박희도(42), 최성모(47), 신홍식(48), 양전백(51), 이명룡(47), 길선주(51), 이갑성(31), 김창준(31), 이필주(51), 오화영(40), 박동완(35), 정춘수(45), 신석구(45), 유여대(42), 김병조(44)

불교: 한용운(41), 백용성(56)

민족대표 33명과 함께 3·1 혁명을 주도한 인물의 명단은 다음과 같다(괄호 안은 당시 나이).

천도교: 박인호(66), 노헌용(53), 이경섭(45), 한병익(20), 김홍규(45)

기독교: 함태영(48), 김지환(29), 안세환(33), 김세환(32)

교육계: 송진우(31), 현상윤(28)

문인: 최남선(31)

무직: 임규(51), 김도태(29), 노정식(30)

학생: 강기덕(31), 김원벽(27)

3

3 · 1 혁명의 물결

宣言書

吾等은 玆에 我朝鮮의 獨立國임과 朝鮮人의 自主民임을 宣言하노라 此로써 世界萬邦에 告하야 人類平等의 大義를 克明하며 此로써 子孫萬代에 誥하야 民族自存의 正權을 永有케 하노라

半萬年歷史의 權威를 仗하야 此를 宣言함이며 二千萬民衆의 誠忠을 合하야 此를 佈明함이며 民族의 恒久如一한 自由發展을 爲하야 此를 主張함이며 人類的 良心의 發露에 基因한 世界改造의 大機運에 順應幷進하기 爲하야 此를 提起함이니 是ㅣ 天의 明命이며 時代의 大勢ㅣ며 全

人類共存同生權의 正當한 發動이라 天下何物이던지 此를 沮止抑制치 못할지니라 舊時代의 遺物인 侵略主義 强權主義의 犧牲을 作하야 有史以來 累千年에 처음으로 異民族箝

制의 痛苦를 嘗한지 今에 十年을 過한지라 我生存權의 剝喪됨이 무릇 幾何ㅣ며 心靈上 發展의 障礙됨이 무릇 幾何ㅣ며 民族的 尊榮의 毁損됨이 무릇 幾何ㅣ며 新銳와 獨創으로써 世界文化

의 大潮流에 寄與補裨할 機緣을 遺失함이 무릇 幾何ㅣ뇨

噫라 舊來의 抑鬱을 宣暢하려 하면 時下의 苦痛을 擺脫하려 하면 將來의 脅威를 芟除하려 하면

民族的 良心과 國家的 廉義의 壓縮銷殘을 興奮伸張하려 하면 各個人格의 正當한 發達을 遂하

려 하면 可憐한 子弟에게 苦恥的 財産을 遺與치 안이하려 하면 子子孫孫의 永久完全한 慶福을 導

迎하려 하면 最大急務가 民族的 獨立을 確實케 함이니 二千萬 各個가 人마다 方寸의 刃을 懷

하고 人類通性과 時代良心이 正義의 軍과 人道의 干戈로써 護援하는 今日 吾人은 進하야 取하

며 退하야 作하매 何强을 挫치 못하랴 退하야 作하매 何志를 展치 못하랴

丙子修好條規 以來 時時種種의 金石盟約을 食하얏다 하야 日本의 無信을 罪하려 안이하노라

學者는 講壇에서 政治家는 實際에서 我祖宗世業을 植民地視하고 我文化民族을 土昧人遇하야

야 한갓 征服者의 快를 貪할 뿐이오 我의 久遠한 社會基礎와 卓犖한 民族心理를 無視한다 하야

日本의 少義함을 責하려 안이하노라 自己를 策勵하기에 急한 吾人은 他의 怨尤를 暇치 못하노

라 現在를 綢繆하기에 急한 吾人은 宿昔의 懲辨을 暇치 못하노라 今日 吾人의 所任은 다만 自己

의 建設이 有할 뿐이오 決코 他의 破壞에 在치 안이하도다 嚴肅한 良心의 命令으로써 自家의 新

運命을 開拓함이오 決코 舊怨과 一時的 感情으로써 他를 嫉逐排斥함이 안이로다 舊思想 舊勢

力에 羈縻된 日本爲政家의 功名的 犧牲이 된 不自然 又 不合理한 錯誤狀態를 改善匡正하야 自

然又 合理한 正經大原으로 歸還케 함이로다 當初에 民族的 要求로서 出치 안이한 兩國倂合의

結果가 畢竟 姑息的 威壓과 差別的 不平과 統計數字上 虛飾의 下에서 利害相反한 兩民族間에

1. 태화관에서 독립선언하다

민족대표 중 서울에 있던 20여 명은 2월 28일에 손병희 집에서 극비리에 모여 계획을 마지막으로 점검했다. 이 자리에서 민족대표들은 독립선언서 발표 장소를 당초 결정한 탑골공원에서 태화관으로 옮기기로 결정했다. 흥분한 학생, 시민과 일제 경찰이 충돌해서 희생자가 생길 것을 우려했기 때문이다.

거사일을 3월 1일로 결정한 데에는 까닭이 있었다. 처음에 고종의 인산(因山, 황제, 왕, 왕세자 등의 장례)일인 3월 3일로 내정했으나 인산일을 택하는 것은 전 황제에 대한 불경이라는 의견이 있어 3월 2일로 옮기려 했다. 그러자 3월 2일은 일요일이므로 기독교의 안식일이라 피하자는 의견이 나와 결국 거사일이 3월 1일로 결정되었다.

1919년 3월 1일 오후 2시, 민족대표 33명 중 29명이 서울 인사동 태화관에 모였다. 역사적인 순간이었다. 국치 9년 만에 한민족이 세계 만방에 자주독립을 선언하는 순간이었다. 길선주, 유여대, 정춘수 등 3명은 지방에서 올라왔는데, 서울에 늦게 도착해서 이날 태화관 모임에는 참석하지 못했다. 그리고 김병조는 상하이로 건너가 참석하지 못하고, 서명자 외에 함태영이 참석했다.

태화관은 중국음식점 명월관의 지점으로, 한때 이완용이 살았던 집을 수리하여 음식점으로 바꾸어 사용하던 곳이다. 이곳은 이완용이 이토 히로부미와 을사늑약을 밀의하던 장소이며, 1907년 7월 17일에 고종 황제를 퇴위시키고 순종을 즉위케 하는 음모를 꾸미고, 매국노들이 병탄조약을 준비하던 곳도 바로 이곳이었다. 참으로 얄궂은 장소였다.

그러나 태화관은 3·1 독립선언이 있고 난 뒤인 5월 23일 새벽에 원인 모를 불이 나 모두 불타 버리면서 비극적인 운명을 끝냈다. 독립선언서를 인쇄한 보성사도 그해 6월 28일 밤에 역시 불타서 사라졌다. 3·1 혁명과 관련된 역사적인 두 곳이 일제의 흉계로 잿더미로 사라져 버리고 만 것이다.

바로 이 태화관에서 민족대표들은 3월 1일 오후 2시에 조선의 독립을 선언했다. 태화관 별실에 모인 민족대표들은 이종일이 인쇄하여 가져온 독립선언서 1백여 장을 나눠 보면서 간략히 행사를 진행했다.

독립선언서는 이미 민족대표들이 읽은 바 있으므로 낭독은 생략했다. 그 대신 한용운이 간단히 인사말을 했다. "오늘 우리가 이렇게 모인 것은 조선의 독립을 선언하기 위한 것으로 자못 영광스러운 날이며, 우리는 민족대표로서 이와 같은 선언을 하게 되어 책임이 중하니, 금후 공동 협심하여 조선 독립을 기도하지 않으면 안 될 것이다"라는 내용의 선언식 인사말이었다. 그리고 모두가 함께 '대한독립만세'를 세 번 부른 뒤 독립선언을 마무리했다.

뒤이어 민족대표들은 태화관 주인에게 일본 경찰에 자신들을 신고하게 했다. 신고를 받고 달려온 일본 헌병과 경찰 80여 명에 의해 민족대표 29명은 전원 경찰서로 연행되었다. 그들은 군중의 만세 소리를 들으면서 자동차에 실려 압송되었다. 민족대표들은 만세시위에 나선 민중들의 희생을 막고자 자신들이 주모자임을 스스로 밝히고 일경에 압송된 것이다.

일본 경찰에 끌려간 민족대표들은 즉시 남산 왜성대의 경무총감부에 구금되었다. 지방에서 뒤늦게 서울로 올라온 길선주, 유여대, 정춘수 세 사람도 자진해서 경찰에 출두하여 이들과 합류했다. 민족대표 33명 중 유일하게 김병조는 독립선언의 경위를 해외에 알리기 위하여 상하이로 떠나 구속되지 않았다.

구속된 민족대표들에게는 이날 밤부터 개별적으로 혹독한 취조가 시작되었다. 32명 이외에 3·1 혁명 준비과정에서 중요한 역할을 한 관련자들도 속속 구속되어 48명이 주동자로 취조를 받았다. 심한 고문도 예외 없이 가해졌다.

왜성대에서 1차 취조를 받은 민족대표들은 모두 서대문감옥으로 이송되었다. 이들은 악명 높은 서대문감옥에서 문초, 고문, 대질신문의 어려운 고비를 겪으며, 4월 4일 경성지방법원의 예심에 회부되었다. 독립지사들에게 일제는 내란죄라는 죄목을 걸어 국사범으로 몰아갔다.

민족대표들이 태화관에서 독립을 선언할 때 옆방 제6호실에 열혈청년 6명을 극비리에 잠복시켜 놓고, 이 거사 일체에 대한 사실(史實)을 기록하게 한 일이 있다. 6명 중 해방 뒤 유일하게 살아남은 이병헌은 『3·1 운동 비사』에서 3·1 혁명의 과정을 자세히 기록했다.

하는 不安恐怖로서 脫出케 하는 것이며, 또 東洋平和로 重要한 一部를 삼는 世界平和人類幸福에 必要한 階段이 되게 하는 것이라. 이 엇지 區區한 感情上問題이리오.

아아, 新天地가 眼前에 展開되도다. 威力의 時代가 去하고 道義의 時代가 來하도다. 過去全世紀에 鍊磨長養된 人道的精神이 바야흐로 新文明의 曙光을 人類의 歷史에 投射하기 始하도다. 新春이 世界에 來하야 萬物의 回蘇를 催促하는도다. 凍氷寒雪에 呼吸을 閉蟄한 것이 彼一時의 勢이라 하면 和風暖陽에 氣脈을 振舒함은 此一時의 勢이니, 天地의 復運에 際하고 世界의 變潮를 乘한 吾人은 아모 躊躇할 것업스며 아모 忌憚할 것업도다. 我의 固有한 自由權을 護全하야 生旺의 樂을 飽享할 것이며, 我의 自足한 獨創力을 發揮하야 春滿한 大界에 民族的精華를 結紐할지로다.

吾等이 玆에 奮起하도다. 良心이 我와 同存하며 眞理가 我와 幷進하는도다. 男女老少업시 陰鬱한 古巢로서 活潑히 起來하야 萬彙群象으로 더부러 欣快한 復活을 成遂하게 되도다. 千百世祖靈이 吾等을 陰佑하며 全世界氣運이 吾等을 外護하나니, 着手가 곳 成功이라. 다만 前頭의 光明으로 驀進할 따름인뎌.

公約三章

一, 今日 吾人의 此擧는 正義, 人道, 生存, 尊榮을 爲하는 民族的要求이니, 오즉 自由的精神을 發揮할 것이오, 決코 排他的感情으로 逸走하지 말라.

一, 最後의 一人까지 最後의 一刻까지 民族의 正當한 意思를 快히 發表하라.

一, 一切의 行動은 가장 秩序를 尊重하야 吾人의 主張과 態度로 하야금 어대까지던지 光明正大하게 하라.

朝鮮建國四千二百五十二年三月 一日

朝鮮民族代表

孫秉熙	吉善宙	李弼柱	白龍城
金秉祚	金昌俊	權東鎭	金完圭
權秉悳			羅龍煥
羅仁協	梁甸伯	梁漢默	劉如大	李甲成
李明龍	李昇薰	李鍾勳	李鍾一	林禮煥
朴準承	朴熙道	朴東完	申洪植	申錫九
吳世昌	吳華英	鄭春洙	崔聖模	崔麟
韓龍雲	洪秉箕	洪基兆		

宣言書

吾等은 玆에 我鮮朝의 獨立國임과 朝鮮人의 自主民임을 宣言하노라 此로써 世界萬邦에 告하야 人類平等의 大義를 克明하며 此로써 子孫萬代에 誥하야 民族自存의 正權을 永有케 하노라 半萬年歷史의 權威를 仗하야 此를 宣言함이며 二千萬民衆의 誠忠을 合하야 此를 佈明함이며 民族의 恒久如一한 自由發展을 爲하야 此를 主張함이며 人類的良心의 發露에 基因한 世界改造의 大機運에 順應幷進하기 爲하야 此를 提起함이니 是 天의 明命이며 時代의 大勢 며 全人類共存同生權의 正當한 發動이라 天下何物이던지 此를 沮止抑制치 못할지니라

舊時代의 遺物인 侵略主義 強權主義의 犧牲을 作하야 有史以來 累千年에 처음으로 異民族 箝制의 痛苦를 嘗한 지 今에 十年을 過한지라 我生存權의 剝喪됨이 무릇 幾何 며 心靈上 發展의 障礙됨이 무릇 幾何 며 民族的 尊榮의 毀損됨이 무릇 幾何 며 新銳와 獨創 으로써 世界文化의 大潮流에 寄與補裨할 機緣을 遺失함이 무릇 幾何 뇨

噫라 舊來의 抑鬱을 宣暢하려 하면 時下의 苦痛을 擺脫하려 하면 將來의 脅威를 芟除하려 하면 民族的 良心과 國家的 廉義의 壓縮銷殘을 興奮伸張하려 하면 各個人格의 正當한 發達을 遂하려 하면 可憐한 子弟에게 苦恥的 財産을 遺與치 아니하려 하면 子子孫孫의 永久完全한 慶福을 導迎하려 하면 最大急務가 民族的 獨立을 確實케 함이니 二千萬 各個가 人마다 方寸의 刃을 懷하고 人類通性과 時代良心이 正義의 軍과 人道의 干戈로써 護援하는 今日 吾人은 進하야 取하매 何強을 挫치 못하랴 退하야 作하매 何志를 展치 못하랴

丙子修好條規 以來 時時種種의 金石盟約을 食하얏다 하야 日本의 無信을 罪하려 아니하노라 學者는 講壇에서 政治家는 實際에서 我祖宗世業을 植民地視하고 我文化民族을 土昧人遇하야 한갓 征服者의 快를 貪할 뿐이오 我의 久遠한 社會基礎와 卓犖한 民族心理를 無視한다 하야 日本의 少義함을 責하려 아니하노라 自己를 策勵하기에 急한 吾人은 他의 怨尤를 暇치 못하노라 現在를 綢繆하기에 急한 吾人은 宿昔의 懲辨을 暇치 못하노라 今日 吾人의 所任은 다만 自家의 建設이 有할 뿐이오 決코 他의 破壞에 在치 아니하도다 嚴肅한 良心의 命令으로써 自家의 新運命을 開拓함이오 決코 舊怨과 一時的 感情으로써 他를 嫉逐排斥함이 아니로다 舊思想 舊勢力에 羈縻된 日本 爲政家의 功名的 犧牲이 된 不自然 又 不合理한 錯誤狀態를 改善匡正하야 自然又合理한 正經大原으로 歸還케 함이로다 當初에 民族的 要求로서 出치 아니한 兩國併合의 結果가 畢竟 姑息的 威壓과 差別的 不平과 統計數字上 虛飾의 下에서 利害相反한 兩民族間에 永遠히 和同할 수 없는 怨溝를 去益深造하는 今來實績을 觀하라 勇明果敢으로써 舊誤를 廓正하고 眞正한 理解와 同情에 基本한 友好的 新局面을 打開함이 彼此間 遠禍召福하는 捷徑임을 明知할 것 안인가

「독립선언서」.

"5년이란 장구한 시일에 제1차 세계대전은 종막을 고하고 파리에서 강화회의가 연다는 보도가 있자 무오년 10월에 손 선생은 그 문인 중요 간부 중 박인호, 권동진, 오세창, 최린 씨와 회합하여 독립선언에 대한 준비를 시작했다.

교회의 모든 일은 제4대 교조 박인호 선생에게 일임하고 일반 교인에게 105일간 기도를 행하게 했으니 한울님께 조국 광복의 대원을 빌며 독립운동비로 어육주초(魚肉酒草)를 끊고 매야(每夜) 자정에 청수를 봉존하며 짚신 한 켤레씩을 삼아서 그 대금을 독립운동비로 충당하기로 했다.

익년 1월 말까지 수합된 금액이 500만 원이나 되었다. 이때 기독교에서는 일본 정부에 조선 독립 청원을 하자는 의론이 전개되었으나 그 성과는 얻지 못했다.

기미년 1월 상해에서는 천진(톈진)에 있는 김규식을 파리강화회의에 보낸 후 연안(옌안)의 조선인은 동 2월 28일 조선 독립운동을 발의했고, 각지(중국 만주)에 산재한 망명객들은 서로 일맥상통의 연락을 했고, 국내에서는 우국지사들이 서로 동지를 규합하게 되었다.

선언서는 최남선 씨에 부탁하고 손병희 선생은 최린(당시 보성고등학교 교장)을 통하여 최남선 씨와 상통케 하여 평북 정주 오산고등보통학교 이승훈에게 김도태를 보내고 중앙고등보통학교 교장 송진우 씨와 동교 교감 현상윤 씨와 연락했다.

이때 일본 유학생으로 이광수, 서춘, 최팔용, 백관수, 김도연 씨가 주동이 되어 2월 8일에 기독교회관에서 조선 독립을 선포했다. 유학생 중 송계백은 모자 속에 선포문을 가지고 와서 최린 씨와 송진우 씨에게 전하고 일본 동경(도쿄)에서 유학생들이 조선 독립을 선포한다는 뜻을 말했다.

손병희 선생은 독립선언서에 서명할 인물을 구상하여 천도교인 또는 기독교인, 불교인, 유림을 연락할 때 기독교인 측은 이승훈 씨가 담당하기로 했다. 2월 24일 밤, 재동 최린 선생 사택에서 천도교 측 대표 권동진, 오세창, 최린 씨가 회석하여 실행방법을 종료했다.

이승훈 씨가 말하기를 기독교인을 연락하자면 경비가 5천 원이 소요된다고 하여 손병희 선생은 박인호(당시 대도주) 씨에게 자급을 명하여 최린 씨로 하여금 이승훈 씨에게 전달케 했다."

2. 종로에서 10만 군중이 시위를 벌이다

기미년 3·1 혁명은 우리나라 근현대사에서 매우 중요한 사건이다. 특히 항일독립전쟁과 대한민국 임시정부 수립, 그리고 민주공화제 등이 모두 3·1 혁명에서 기원했기 때문이다. 또한 한민족이 봉건적 신민(臣民)의식에서 근대적 신민(新民)의식으로 전환되고, 가부장적 굴레에 종속되었던 여성이 현실에 참여하고, 전통적 천민계급의 자주정신이 확립되는 계기가 되었다. 3·1 혁명은 민족해방을 목표로 계층, 신분, 성별, 지역, 종교를 초월하여 그야말로 범민족적으로 전개된 장엄한 반식민지·반봉건의 민족혁명이었다.

1919년 3월 1일 오후 2시, 서울 시내 중심 탑골공원에서부터 만세시위가 거세게 전개되었다. 탑골공원 8각정 단상에는 대형 태극기가 걸리고, 2시 정각이 되어도 민족대표들이 나타나지 않자 경신학교 졸업생 정재용이 단상에 올라가 독립선언서를 낭독했다. 군중들이 "조선독립만

1919년 3월 1일, 독립만세시위를 벌이는 사람들.

세"를 외치고, 이어서 공원에 모였던 2만여 명이 거리로 쏟아져 나왔다. 이들과 고종의 인산을 구경하러 나온 시민들이 합쳐서 10만여 명이 종로와 광화문 거리를 폭풍우처럼 휩쓸었다.

일제의 폭압통치를 끝장내고 조선의 자주독립을 외치는 거대한 해일이었다. 이날의 만세시위는 곧 3천 리 방방곡곡으로 요원의 불길처럼 번져 나갔다. 당시 천도교 보성사에서 비밀리에 발행한 ≪조선독립신문≫ 제2호는 이날의 상황을 생생하게 보도했다.

"탑동공원에 모인 수만의 학생이 조선독립만세를 제창하고 온몸으로 춤추면서 용감하게 장안을 관통하니 고목회사(古木灰死, 늙은 나무가 살아남)가 아닌 우리 민족, 금어총조(金魚寵鳥, 어항의 물고기와 조롱에 갇힌 새)가 아닌 우리 민족으로 누가 감읍지 않으리오."

"파고다공원에서 나온 학생은 2열종대로 만세를 부르면서, 1대는 광교, 남대문, 남대문역, 의주로를 돌아 프랑스영사관 앞으로 행진하고, 1대는 시청을 지나 대한문 앞 광장에 이르러 고종 황제의 영전에서 조선독립만세를 높이 부르고 일장의 연설을 한 다음, 1대는 정동으로 들어가 미국영사관 앞으로 행진하고, 1대는 을지로 방면으로 가고, 1대는 종로에서 광화문통을 지나 경복궁 방면으로 행진하고, 1대는 창덕궁 쪽으로 행진했다.

3월 1일 같은 시각 평남 평양, 진남포, 안주와 평북의 의주, 신천, 정주, 함남의 원산에서 만세시위가 일어나고, 2일부터는 서울과 경기도 전역에서, 이어서 전국 각지에서 그리고 3월 6일 서간도 환인현을 시작으로 만주 각지와 노령, 미주 지역 등 한인이 사는 세계 각지에서 만세시위가 일어났다."(신석호, 『개설 3·1 운동의 전개』)

3월 1일부터 4월 30일까지 두 달간 조선총독부가 작성한 〈3·1 운동 발생 일별 통계표〉에 따르면, 3월 1일부터 20일까지 20일간 매일 평균 12곳에서 만세시위가 일어났고, 3월 21일부터 4월 10일까지 20일간은 그 갑절인 매일 평균 25곳에서 일어났는데, 그중에서 3월 31일부터 4월 3일까지 4일간이 최고조에 이르렀고 3월 31일에 39곳, 4월 1일에 53곳, 2일에는 40곳, 3일에 39곳에서 일어났다.

그러나 박은식의 『한국독립운동지혈사』는 총독부의 통계와 크게 다르다. 박은식에 따르면, 같은 기간 전국 집회 횟수 1,542회, 참여자

2,051,448명, 사망자 7,509명, 부상자 15,850명, 체포된 사람 46,306명, 불탄 교회당 47개, 불탄 민가 715채 등이다.

3. 옥중에서도 의연하고 당당했던 민족대표들

서대문감옥에 수감된 민족대표들은 4월 4일 경성지방법원의 예심에 회부되었지만, 예심을 맡은 나가시마(永島雄藏) 판사는 4개월이나 재판을 끌었다. 이때 조성된 조서만도 14만여 장이나 되었다. 나가시마 판사는 민족대표들에게 내란죄를 적용했다. 한국인 변호사 허헌과 김병로 등이 동분서주하며 변론에 나섰으나 변론이 통하지 않았다.

일본인 검사와 판사는 한통속이 되어서 가혹하게 신문하고, 독립선언서의 공약 3장이 내란죄에 해당한다고 걸고넘어졌다. "최후의 일인까지라 함은 조선 사람이 폭동을 하든지 전쟁이 나든지 마지막 한 사람까지 궐기하라는 것이 아니냐"고 추궁했다. 이에 민족대표들은 "합방 후에는 조선 사람에게서 총기를 모두 빼앗은 까닭에 산에 맹수가 있어 피해가 많아도 이것을 구제하지 못하는 지경인데, 폭동을 일으킨다 함은 상식 있는 사람으로서는 도저히 생각할 수 없는 일이다. 무력이 없는 사람이 무엇으로 싸울 수 있겠는가. 그래서 모든 국민이 스스로 독립의사를 발표하라는 뜻이었다"라고 진술하며 맞섰다.

독립선언서가 반포되자 일제 당국은 집필자를 찾아내느라 혈안이 되었다. 최린은 처음 약속한 대로 독립선언서는 자신이 쓴 것이라고 우겼으나 일제 당국은 이를 믿지 않았다.

당시 총독부 검열과에는 그동안 최남선의 원고를 숱하게 검열해 온 아이바(相揚淸)라는 일본인 전문가가 있었다. 그가 독립선언서의 문장이 최남선의 문체인 것을 알아냈다. 그러자 최남선에게도 즉각 체포령이 내려졌다.

8월 초, 재판은 경성고등법원으로 넘어갔다. 이 무렵 일제의 조선 식민지 정책이 다소 바뀌고 있었다. 무력통치에서 이른바 문화정책으로 기조가 바뀐 것이다.

따라서 일본 제국의회에서는 조선인의 감정을 유화시키기 위한 수단으로 민족대표들에게 '가벼운' 형벌을 내리도록 하자는 의견을 내놓았다. 이런 의견에 따라 고등법원은 그동안 적용한 내란죄 대신 보안법 및 출판법 사건이라고 단정하고, 이 사건을 다시 경성지방법원으로 되돌려 보냈다.

이듬해인 1920년 7월 12일 오전, 정동에 있는 경성지방법원 특별법정에서 민족대표들의 공판이 열렸다. 구속된 지 16개월 만에 열린 첫 공판이었다.

법정 주변은 일제 경찰이 삼엄하게 경비했다. 일제는 다시 만세시위가 일어날 것에 대비해서 물샐틈없는 경비망을 폈다. 3·1 혁명의 산물로 갓 창간한 ≪동아일보≫는 "조선 독립운동의 일대사극(史劇), 만인이 주목할 제1막이 개(開)하다"라는 제목의 기사에서 이날의 광경을 다음과 같이 보도했다.

"이 공판의 결과는 조선 민중에게 어떤 느낌을 줄 것인가. 공판 당일의 이른 아침 어제 개던 일기는 무엇 때문에 다시 흐리고 가는 비조차 오락가락하는데 지방법원 앞에서 전쟁을 하다시피 하여 간신히 방청권 한 장을 얻어 어떤 사람은 7시경부터 공판정에 들어온다. 순사와 간수의 호위한 중에 방청권의 검사는 서너 번씩 받고 법정 입구에서 엄중한 신체 수사를 당하여 조그만 바늘 끝이라도 쇠붙이만 있으면 모두 다 쪽지를 달아 보관하는 등, 경찰의 경계는 엄중을 지나 우스울 만큼 세밀했다.

붉은 테를 둘씩이나 두른 경부님들의 안경 속으로 노려 뜨는 눈동자는 금시에 사람을 잡아먹을 듯이 살기가 등등한즉…… 이에 따라 붉은 테를 하나만 두른 일본인 순사님도 코등어리가 우뚝하여 이리 왔다 저리 갔다 하는 양은 참 무서웠다."(《동아일보》, 1920년 7월 13일 자)

민족대표에 대한 경성복심원(최종심)은 1919년 9월 20일에 개정되어 10월 30일에 선고가 내려졌다. 재판 과정에서 민족대표들은 모두 서대문감옥의 독방에 갇혀 모질게 고문당하고, 시멘트 바닥에서 지내며 혹독한 추위와 더위에 시달려야 했다. 식사도 콩과 보리로 뭉친 5등식(五等式, 가장 낮은 등급의 급식) 한 덩어리와 소금 국물이 전부였다.

이와 같은 옥고로 양한묵은 구속되던 해 여름에 감옥에서 사망하고, 박준승은 1921년에 역시 감옥에서 고문을 당해 사망했다.

경성복심원이 내린 민족대표 48명의 형량은 다음과 같다.

손병희·최린·권동진·오세창·이종일·이승훈·함태영·한용운—징역 3년
최남선·이갑성·김창준·오화영—징역 2년 6월
임예환·나인협·홍기조·김완규·나용환·이종훈·홍병기·박준승·권병덕·양전백·이명룡·박희도·최성모·신홍식·이필주·박동완·신석구·

유여대·강기덕·김원벽—징역 2년

이경섭·정춘수, 백용성·김홍규—징역 1년 6월

박인호·노헌용·송진우·현상윤·정노식·김도태·길선주·임규·안재환·

김지환·김세환—무죄

　일제는 조선 민족대표들에게 중죄를 선고할 경우 언제 다시 폭발할지 모르는 민심에 휘발유를 끼얹는 격이라는 내부의 민심동향 분석과, 앞서 지적한 유화정책의 전환으로 비교적 가벼운 형량을 선고했다. 또한 송진우, 현상윤 등은 논의에 가담했더라도 실제 행동에 가담하지 않은 자를 처벌하는 조항이 당시 보안법이나 출판법에는 없었기 때문에 무죄를 선고받았다.

　민족대표들의 수감생활과 공판에 임하는 자세는 의연하고 당당했다. 옥중에서 가장 의연한 자세를 보인 사람은 한용운이었다. 한용운은 일부 민족대표들이 한때 내란죄가 적용되어 사형을 받게 될 것이라는 소문을 듣고 공포에 질려 있을 때 "독립운동을 하고도 살 줄 알았더냐!"라고 일갈하면서 민족대표답게 의연할 것을 당부하면서 스스로 모범을 보였다.

　한용운은 옥중투쟁의 3대 원칙으로 "변호사를 대지 말 것, 사식을 먹지 말 것, 보석을 신청하지 말 것"을 내걸고 몸소 실천했다. 그리고 서대문감옥에서는 자술서를 쓰라는 검사의 지시를 받고 「조선 독립의 이유서」를 써서 일제의 간담을 서늘하게 만들었다.

4. 일제, 민심 두려워 내란죄 적용 못 해

일제는 총독부 지방법원 예심판사 나가시마의 주심으로 1919년 3월 1일
에 민족대표들을 구속한 뒤 연일 혹독한 조서와 예심을 계속했다. 손병
희 등 48명에 대해서는 동년 8월 1일 오후에 예심을 종결하고 내란죄로
규정하여, 일건 서류와 함께 고등법원으로 회부하여 고등법원에서 본심
을 진행했다.

상고심 격인 고등법원의 공판은 보통 피고인들의 출정을 허용하지 않
고 변호사와 검사의 변론으로 서로 대결하도록 되어 있었다. 그런데 당
초 이 사건은 내란죄로 기소한 만큼 특별히 피고인들을 모두 출정시켰
다. 여기서 결정한 〈예심종결서〉는 다음과 같다.

예심종결서

우 피고 등에 대하여 출판법 및 보안법 위반 피고사건 예심을 한바 피고
등은 대정 8년 2월부터 공모하여 제국 영토의 한 부분 되는 조선을 제국의
통치로부터 이탈시켜 그 지역으로써 한 독립국을 건설할 것을 목적으로 먼
저 전 조선 인민에 대하여 평화의 교란을 선동하고 따라서 조헌(朝憲)을 문
란할 만한 불온문서를 공포하여 각지에 조선 독립운동을 개시케 했는데, 이
독립운동이 중간에 가서 폭동이 될 줄 미리 알면서도 이런 각종의 폭동을
일어나게 함으로써 당초의 목적을 달성하기를 기도했는바,

그 선언서에서 조선인은 자유인이요 조선은 독립국이니 전 조선 민족은
영원히 서로 호응하여 최후 1인 최후 1각까지 독립의 완성에 노력하지 않으
면 아니된다는 취지의 문서를 다수 인쇄하여 동년 3월 1일 이후 널리 이것을

조선 각지에 배부하고 경성을 중심으로 조선 독립시위운동을 일으켰으며,

또한 사람을 각 주요 도시에 보내어 피고 등의 기도를 선전케 한 결과 미리 기약한 것과 같이 피고 등의 선전에 응하여 황해도 수안군, 평안북도 의주군 옥상면, 경기도 안성군 양성면, 원곡면에서 조선 독립을 목적으로 하는 폭동을 야기한 사실 등,

이것은 형법 제77조에 해당한 범죄로서 조선총독부 재판소령 제3조 3항에 의하여 고등법원의 특별권한에 속한 것으로 간주함으로써 형사소송법 제164조에 준하여 피고 등에 대한 본건은 관할을 이관함. (각 피고에 대하여 전에 발한 구류장은 이것을 보존함.)

대정 8년 8월 1일

경성지방법원 예심부

조선총독부 판사 나가시마 유조(永島雄藏)

5. 민족대표들이 유죄판결을 받은 이유

조선총독부의 어용기관인 경성지방법원은 구속한 민족대표 48명에게 유죄판결을 내리면서 그 '이유'를 다음과 같이 들었다. 다음은 손병희와 관련된 부분이다.

"(……) 일한 병합의 결과로 조선이 독립을 잃었음을 평소부터 불만하던 천도교 성사 피고인 손병희와 동교의 유력한 자인 보성고등보통학교 교장

피고 최린과 천도교 도사 피고 권동진과 동 피고 오세창은 금회의 강화회의에서 전란의 결과를 처리하는 동시에 영구평화를 위하여 세계개조를 도모하려면 윌슨이 제창한 민족자결주의를 전란 중에 있던 구주 각지에 있는 민족뿐만 아니라 세계 일반 민족에게도 또한 응용되어야 할 것인바,

이 기회에 조선 민족도 궐기하여 독립열망이 치열함을 표시함으로써 구주 각국의 주시를 야기하고 또 미국 대통령의 뜻을 움직임으로써 조선의 독립도 폴란드 민족의 독립과 같이 강화회의의 의제로 상정케 하여 그 승인을 얻도록 하여야 한다는 것이었으며,

특히 그 당시 외국에 있는 조선 사람 중에서 벌써 독립운동을 시도하기 위하여 프랑스 파리에 건너간 자가 있다는 풍설과 동경에 있는 조선 유학생 중에서 독립운동을 했다는 풍설이 자주 조선 안에 전파되고 또한 상해에 있는 조선 사람이 조선의 서북지역(서선지방)에 와서 독립운동을 선전한 자도 있으므로 해서 이런 것이 동기가 되어 경성 기타 각 지역에서도 인심이 점차로 동요되며 독립운동 기세를 발휘할 징조를 보이게 되자,

이때가 좋은 기회라 사료하고 동년 1월 하순 손병희의 주소에서 여러 번 회합하여 모의한 결과 조선으로서 제국의 기반을 벗어나 한 독립국을 형성하기를 기도하고,

그 수단으로서는 먼저 동지를 규합하여 조선 민족 대표자로서 손병희 등의 이름으로 조선 독립을 선언하고 또 선언서를 비밀히 인쇄해서 조선 전도에 발포하여 민중을 선도하고 조선 독립의 시위운동을 일으킴으로써,

조선 민족이 어떠한 독립을 열망하는가를 표시하는 한편 제국 정부와 귀·중 양원, 조선총독부와 강화회의 열국 대표에게 조선 독립에 관한 의견서를 제출하고 또 미국 대통령 윌슨에게는 조선 독립에 관하여 진력 협조할

것을 원하는 뜻의 서한을 제출할 것을 정했다.

또 그 계획의 실행에 대하여서는 최린이가 담당케 되었는데 동년 2월 상순경 최린은 중앙학교 교장 피고 송진우와 사제관계가 있는 동교 교사 피고 현상윤과 역사 전공자 피고 최남선을 최린의 주소에서 회합게 하고 전기의 계획을 말한바 3인이 이것을 찬동하므로 그 후 3일을 지나서 4인은 밤에 다시 경성부 계동 중앙학교 내 거실에서 회합하여 숙의했다.

그 결과 박영효·윤용구·한규설·김윤식 등 구한국 시대의 요로에 있던 지명인사와 또 기독교도들을 교섭하여 동지를 얻고 또 손병희 이하 천도교도 중 주요한 자가 조선 민족대표가 되어 그 명의로써 독립선언을 하고 또 그 명의로써 독립선언서와 의견서 및 청원서를 작성하기로 하여 그 서면의 기초는 최남선이가 담당하기로 했다.

또 한국 구시대의 인물에 대한 교섭은 최린·최남선·송진우 3인이 담당하고 또 기독교 측에 대한 교섭은 최남선이가 담당하기로 하여 그 후 최린·최남선은 윤용구 등에 대하여 교섭을 했다가 결국 동의를 얻지 못했으나 최남선은 다시 기독교인의 동의를 구하고자 먼저 그 지기인 평안북도 정주군 기독교 장로파 장로 이승훈이라고도 하는 이인환에게 교섭을 하기 위해 동월 7월경 현상윤으로 하여금 이인환이가 설립한 오산학교, 경영의 일로 동인의 경성으로 올 것을 재촉하라고 했다. (······)"

6. 민족대표 중 옥사자와 변절자 생겨

민족이 가장 어려울 때 신명을 바쳐 독립선언서에 서명하고 가혹한 취조와 옥고를 치른 민족대표들은 석방(혹은 무죄 방면)된 뒤 각자 생활인으로 돌아갔다. 대부분이 병고에 시달리면서도 직접 독립운동에 나선 사람도 있고, 종교·문화·언론 운동 등 사회운동에 헌신한 이도 있다. 양한묵은 옥고로 구속된 여름에 옥사하고, 박준승은 1921년 옥중에서 고문으로 순국했다. 손병희는 극심한 옥고에 시달리다가 병보석으로 석방되었으나 얼마 뒤 서거했다.

그러나 민족대표라는 '꼬리표' 때문에 이들은 언제나 일제의 끈질긴 추적과 감시의 대상이 되어야 했으며, 그만큼 유혹과 회유도 심했다. 이런 상황에서도 죽을 때까지 신념을 지키며 독립운동의 사표가 된 민족대표들이 많지만 이와 달리 친일로 돌아서 처음에 품었던 뜻을 저버린 배신자도 생겨났다.

해방 50주년인 1995년 8월, 독립기념관은 3·1 독립선언 민족대표 33명 중 친일행각으로 논란을 빚어 온 박희도와 정춘수 두 명을 변절한 친일파로 규정하고, 전시물에 친일행각을 기록했다고 밝혔다. 독립기념관은 또 최린의 약력에 친일행위를 기록했다. YMCA 회원부 간사였던 박희도는 "함흥감옥에서 2년간 옥고를 치르고 난 뒤 일본의 끊임없는 회유와 강압으로 친일로 돌아섰다"고 기록하고, 감리교 목사 출신인 정춘수는 "1938년 흥업구락부 사건으로 구금되었다가 전향성명서를 내고 풀려나 친일행각을 계속하다가 광복을 맞았다"고 밝혔다. 1996년 3월, 정춘수의 친일행각이 드러나자 그의 고향 공원에 세워졌던 동상이 시민과 학생들에 의해 철거되기도 했다.

이들 외에도 33명 중에는 일제의 밀정 노릇을 한 이 모 씨가 있었다고 독립운동계와 학계의 일각에서 논란이 되고 있지만 아직 정확한 증거가

1940년 2월 11일 자 신문에 최린이 기고한 글. "황국신민으로서 봉공의 성의를 다하고 동시에 내지 동포의 상애의 정의를 촉진한다"라는 내용의 내선일체를 주장하는 글이다.

제시되지 못한 상태이다.

　소수이지만 이들의 변절은 1919년 3·1 항쟁 민족대표의 숭고한 정신에 부끄럽고도 큰 오점을 남겼다. 해방 뒤 반민특위 법정에 끌려 나온 최린은 "독립운동을 선포한 피고가 왜 일제에 협력했는가?"라고 재판장 서순영이 추궁하자, "3·1 운동 이후 줄곧 주목과 위협, 유혹을 받아 왔다. 물리치지 못한 것이 죄스럽고 부끄러울 뿐이다"라고 울먹이며 답변한 바 있다.

　이로써 민족대표들이 일제에 얼마나 견디기 어려운 협박과 회유를 당했는지 잘 알 수 있다. 독립선언서를 비롯하여 3·1 항쟁의 각종 문건을 작성하여 '조선의 제퍼슨'이 될 법했던 최남선은 징역 2년 6월을 선고받고 투옥되었다가 일제 당국의 배려로 1921년 10월에 가출옥했다.

최남선은 가출옥 이후 일제의 지원을 받아서 잡지 ≪동명(東明)≫, 일간 ≪시대일보≫ 등을 창간·발행하며 친일 언론인으로 모습을 바꾸었고, 총독부 조선사편수회위원, 만주건국대 교수 등을 지내며 '친일학자'로 변신했다. 3·1 항쟁 과정에서 독특한 위치를 차지한 최남선은 이처럼 존재와 명예에 먹칠을 하고 항일민족사에 씻을 수 없는 큰 오점을 남겼다.

7. 조선을 넘어 해외까지 울려 퍼진 만세 함성

서울 종로 탑골공원의 만세시위를 시작으로 독립시위는 삽시간에 전국적으로 번졌다. 같은 날 같은 시각에 평양, 진남포, 안주, 의주, 선천, 원산 등 북한 지역에서도 서울과 비슷한 형태의 독립선언식과 만세시위가 전개되었다. 경의선과 경원선 열차를 이용하여 학생들이 독립선언서와 태극기를 비밀리에 전달했기에 가능한 일이었다.

3월 2일에는 이미 궐기했던 지역은 물론 황주, 중화, 장서, 대동, 함흥에서, 3일에는 예산, 개성, 수안, 사리원, 송림, 곡산, 통천에서 만세시위가 일어나고, 4일에는 옥구, 성천, 양덕, 용천 등지로 이어졌다.

독립만세 시위운동은 3월 중순까지 전국 13도 각 지역으로 확대되고, 철도 연변의 대도시에서 중소도시로, 다시 소도시로 확산되었다. 중소도시와 시골에서는 5일 장날을 택해 만세시위가 5일 간격으로 진행되었다.

만세시위를 주도한 세력은 기독교, 천도교, 불교 등 종교인들과 학생, 농민, 노동자, 여성, 상인, 아동, 걸인, 기생, 광부 등 직업과 귀천을 가리지 않았다. 시위는 3~4월에 걸쳐 꾸준히 진행되었는데, 시위가 가장 열띤 시기는 3월 중순부터 4월 초순이었다. 이 시기 하루 평균 50개 지역에서 만세시위가 벌어졌다.

일부 지방에서는 산에 봉화가 켜지는 것을 신호로 시위를 알렸으며, 상인들은 가게 문 닫는 것을 마다하지 않았고, 일부 관공리들도 동참했다. 종교인들은 종교행사를 마치고 시위에 돌입했다.

독립선언의 진원지인 서울에서는 3월부터 4월 말까지 거의 날마다 지역별로 시위가 계속되고, 북한에서는 평양을 비롯해 전 지역에서 시위가 이어졌다. 전국의 시군 대부분 지역에서 시위가 있었고, 같은 지역에서 몇 차례씩 일어나기도 했다.

경기도에서는 3월 3일 개성, 7일 시흥, 9일 인천, 10일 양평, 11일 진위·안성, 13일 강화, 14일 양주, 15일 가평, 21일 연천, 22일 김포, 23일 고양·수원, 24일 부천·장단, 26일 파주·광주, 29일 용인·포천, 31일 이천, 4월 1일 여주에서 시위가 벌어져 도내 22개 부군(府郡) 모두에서 참여했다.

강원도에서는 3월 2일 평강, 3일 금화, 4일 화천·철원, 23일 화천, 27일 횡성·원주, 28일 춘천, 4월 1일 홍천·강릉, 3일 통천·양구, 4일 이천(伊川)·평창·양양, 7일 정선, 10일 울진, 15일 삼척·회양, 18일 간성, 21일 영월에서 차례로 일어났다.

충청북도에서는 3월 10일 괴산, 21일 청주, 25일 영동, 27일 옥천, 28일 음성, 4월 1일 충주, 2일 진천, 3일 보은, 17일 제천 등지에서 시위가 계속되었다. 충청남도에서는 3월 3일 예산, 7일 부여, 10일 논산, 11일

공주, 12일 대전·아산, 14일 연기, 14일 천안, 27일 서산, 29일 서천, 4월 4일 홍성·당진, 5일 청양에서 시위가 일어났다.

전라북도에서는 3월 3일 전주·군산·이리, 6일 김제, 10일 익산·임실, 16일 정읍, 23일 금산·장수, 4월 1일 무주, 3일 남원, 11일 순창, 12일 진안, 18일 부안군에서 시위가 일어났다. 전라남도에서는 3월 3일 목포·광양·구례·순천·여수, 4일 광주, 14일 영광·해남, 17일 담양, 18일 무안, 19일 순천, 21일 제주, 27일 곡성·광양, 4월 3일 장성, 4일 강진, 7일 완도, 8일 목포·함평, 9일 보성, 10일 영암에서 시위가 벌어졌다.

경상북도에서는 3월 8일 대구, 11일 영일·의성·김천, 13일 경주·칠곡, 16일 안동, 18일 영덕·봉화, 23일 상주, 24일 영양·청송, 26일 영천, 4월 2일 성주, 3일 예천·선산, 4일 영주, 12일 청도, 15일 문경, 23일 달성에서 차례로 전개되었다. 경상남도에서는 3월 3일 부산·마산, 11일 부산진, 13일 동래·창녕·밀양, 18일 하동·합천·진주, 19일 함안, 20일 거창·산청, 21일 사천, 24일 창원, 27일 양산, 28일 함양, 30일 고성, 31일 김해, 4월 2일 울산, 4일 남해에서 만세시위가 일어났다.

황해도에서는 3월 1일 해주·옹진·서흥에서 선언서 배포, 2일 황주, 3일 옹진·금천·봉산·수안, 4일 곡산, 6일 재령, 9일 서흥, 11일 장년·신천·안악, 12일 송화·은율, 15일 연백, 31일 평산, 4월 5일 신계에서 시위가 일어났다.

평안북도에서는 3월 1일 평양·진남포·안주, 2일 용강·중화·강서, 3일 순천, 4일 성천, 5일 덕천·양덕, 6일 대동·평원·맹안, 7일 강동·영원에서 전개되고, 평안남도에서는 3월 1일 선천·의주, 4일 신의주·용천, 5일 철산·6일 영변, 7일 정주, 8일 삭주, 10일 태천·구성, 16일 초산, 23일

자성, 31일 창성·벽동·위원, 4월 3일 희천, 5일 운산, 8일 강계에서 시위가 일어났다.

함경남도에서는 3월 1일 원산, 2일 함흥, 3일 영흥, 7일 정평, 8일 북청, 9일 신흥, 10일 이원·단천, 13일 고원, 14일 풍산·갑산·장진, 15일 명천·덕원·삼수, 16일 홍원에서 시위가 있었다. 함경북도에서는 3월 10일 성진, 12일 길주, 15일 명천·경성, 22일 회령, 31일 청진, 4월 1일 부령·부산, 4일 은성, 8일 경흥에서 만세시위가 전개되었다.

만세시위의 함성은 국내에서만 울려 퍼진 게 아니었다. 우리나라 교민이 사는 해외에서도 만세시위가 일어났다. 만주 서간도의 중심지역인 삼원보·통화현에서는 3월 12일, 북간도의 중심지역인 용정에서는 13일, 훈춘에서는 20일, 봉천에서는 21일에 각각 시위가 있었으며, 그 밖에도 교민이 사는 중국 곳곳에서 시위운동이 전개되었다.

미국에서는 3월 19일에 대한인국민회중앙총회가 소집되어 고국에서 벌어진 3·1 독립시위를 지지하고, 상하이임시정부가 수립되자 4월 14일부터 16일까지 미국 필라델피아 독립기념관에서 한인자유대회를 열었다. 그리고 거리행진에 이어 일제의 만행을 규탄하는 결의안을 채택했다.

연해주에서는 3월 17일 블라디보스토크에서 만세시위를 시작으로 한국인 노동자들의 총파업과 학생들의 동맹휴업이 잇달았고, 18일 스파스고, 4월 5일 녹도에서 만세시위가 전개되었다.

기미년 3~4월 한민족은 국내외에서 자주독립을 선언하고 시위를 벌였다. 일제의 야만적인 탄압에도 굴하지 않고 혁명대열에 참여했다. 수많은 동포가 학살되거나 끌려가고 고문을 당하면서도 독립의지를 굽히

4월 16일 필라델피아에서 열린 한인자유대회.

지 않았다.

　3·1 혁명은 지도부의 방침에 따라 비폭력운동으로 전개되었다. 그러나 일제는 무자비한 폭력으로 진압했다. 당시 일제는 한국에 막강한 군사력과 경찰력을 배치하고 있었다.

　정규군으로 육군 제20사단 및 제40여단을 서울 용산에, 제19사단을 함경북도 나남에 배치했으며, 제19사단 산하 제37여단을 함흥에, 제39여단을 평양에 주둔시켰다. 이들 병력수는 23,000명으로 최신식 무장을 한 일본군의 정예부대였다.

　정규군뿐만 아니라 한국 민간인을 군사적 방식으로 탄압하고 지배하기 위해 전국에 1,110개소 헌병대를 설치하고 헌병 7,978명을 배치했다(1918년 12월 말 현재). 또 일반 경찰관서는 전국 750개소에 경찰관 5,402명

3·1 혁명 당시 시위대에 대응하기 위해 늘어선 일본 군경들.

을 배치하고, 헌병경찰을 전국 각지의 1,861개소에 13,380명을 배치했다. 무장을 갖춘 총독부 관리도 21,312명이 있었다.

일제가 마련한 무력기관은 조선 주둔 정규군 23,000여 명, 헌병경찰 1,338명, 총독부 관리 21,312명으로 모두 57,692명이었다. 이들은 모두 중무장 상태였다. 심지어 교사들까지 큰 칼을 차고 다녔다.

반면에 한국에서는 1907년 9월에 조선통감부가 이른바 「총포 및 화약류 단속법」을 공포하면서 한국인들에게는 맹수를 퇴치할 사냥총 한 자루도 남아 있지 않았다. 이와 같은 상황에서 3·1 혁명은 종교적인 신념과는 상관없이 비폭력 항쟁에 나설 수밖에 없었다. 그러나 일제의 야만적인 학살이 자행되면서 자위 차원에서 죽창 등으로 무장하고 경찰서를 습격하는 등 무력저항이 나타나기도 했다.

8. 일본인의 야만, 잔학한 살육

대한민국 임시정부 제2대 대통령을 지낸 박은식의 『한국독립운동지혈
사(韓國獨立運動之血史)』에 따르면, 1919년 3월부터 4월 말까지 두 달 동안
국내외에서 전개된 만세시위에 참가한 사람은 연인원 202만 3천여 명이
고, 만세시위가 벌어진 횟수는 1,542회이다. 사망자는 7,509명, 부상자
15,961명, 피검자 46,948명, 소진된 종교 건물은 47개소 등이다. 그러나
실제 희생자는 훨씬 더 많았을 것이다. 박은식은 『한국독립운동지혈사』
에서 이러한 내용뿐만이 아니라 일제의 야만성을 낱낱이 기록했다. 그
중 주요 내용만 간추리면 다음과 같다.

일인들은 우리 민족의 문명적인 행동에 대하여 극도로 야만적이고 잔학
한 살육을 자행했다. 세계 각국 사람들이 이 살육의 진상을 목격하고는 공
분에 격하여 우리를 위해 동정의 눈물을 흘렸다. 저들이 비록 여러모로 교
묘히 숨기려 한들 어찌 은폐할 수 있겠는가.

우리들이 동족으로서 그 피를 이어받아 독립의 목적을 관철하지 못한다
면 장차 무엇으로 우리의 형제·자매·충혼에 사죄할 것인가. 나는 생각이 이
에 미칠 때마다 오장을 칼로 에어 내는 듯하고 말보다 눈물이 앞서서, 글을
쓰려 하여도 손이 떨리는 때가 여러 번이었다. 그러나 우리 2천 만의 심혈이
막강한 무력이며 세계의 새 문화가 막대한 응원이니, 저들의 군국주의는 이
미 황혼에 접어든 것이다. 『좌전』에는 "하늘이 부선(不善)을 돕는 듯이 보임
은 그를 진정 도움이 아니다. 그 흉악함을 더욱 드러나게 하여 끝내는 그것
을 징벌하기 위한 것이다" 했다.

지금 저들은 악이 날 대로 나서 이미 그 극에 달했으므로 하늘의 벌이 미구에 내리리라. 우리들은 원수의 피를 마셔 형제, 자매에게 보답할 날이 반드시 있을지니, 어찌 분발하지 않을 수 있겠는가.

1개월 동안의 사상자

3월 1일~4월 1일까지 살상된 한국인은 저들이 극력 은폐하여 힘써 발표하지 않았으므로 그 상세한 실제 숫자를 알기가 어렵다. 경성 통신원의 기록에 의하면 대략 다음과 같다.

독립운동은 1일부터 월말에 이르기까지 더욱더 형세가 치열해져 일인들은 이에 형용할 수 없는 야만적 잔학을 다 했다. 창으로 찌르고 칼로 쳐 풀을 베듯 했으니, 즉사한 사람이 3,750여 명이고 중상으로 며칠을 지나 죽은 사람이 4,600여 명이었다. 옥중에서 죽은 사람 수는 알 수 없으나 체포되어 수감된 사람은 약 수십만 명인데 사망통보가 잇따라 있었다.

저들은 학살만 자행할 뿐 중상자의 의약 구입과 치료조차 불허하고, 시골의 부상자들이 시중의 병원에 실려 와 치료를 받으려 하면 이를 막아 죽게끔 버려두었다.

이 같은 저들의 잔인포악상을 어찌 세계 인류가 일찍이 경험했겠는가. 외신보도에 의하면 약 1천 명이 모여 한 번 시위하면 피해가 7백 명에 이르렀다고 한다. 또 어느 작은 마을에서 1주일 동안 참살당한 자가 170명이었고 교회당의 파괴가 15군데에 이르렀다. 10년 전에 장곡천호도가 한국인의 반항을 진압할 때 무기를 써서 학살한 한인의 수는 1만 5천 명이었다고 한다.(……)

일본인의 만행

일인들의 불법만행은 이미 세계에 알려져 천하 공도(公道)에 의해 해결하여야 한다는 여론까지 일어나고 있으나 어디에 공도가 있단 말인가. 공도가 있다면 어찌 이렇게 잔인하고도 포악한 야만인종이 인류사회에서 마음대로 날뛰도록 내버려 두고 응징하지 않는단 말인가.

아, 이 세상에 누가 부모·형제·자매·처자가 없겠는가. 이제 그들이 우리 부모·형제·자매·처자에게 가하는 갖은 악형·학살 등 가혹한 행위는 세계 인류 역사상 일찍이 없었던 일이니, 그들이 얼마나 잔인하고 악독한 인종이란 것을 알 수 있다. 실로 그들과는 이 세상에서는 삶을 같이할 수 없다. 옛날에 은(殷)의 주왕(紂王)이 포낙(炮烙, 구리 기둥에 사람을 매어 달고 기둥을 달구어 살을 지지는 형벌)의 형을 써서 사지를 끊고 염통을 뽑아냈다.

이는 한 사람의 만행에 불과하지만 법관·경관·군인들이 모두 이 같은 잔인성으로 인류를 해치니 이를 어찌 용납할 수 있단 말인가. 양심을 가진 사람으로서 이 같은 만행을 본다면 머리가 곤두서고 눈이 찢어지며 피가 끓어오름을 불금할 것이다.

그들의 만행이 어찌 유독 우리 한민족의 골수에만 사무치는 원수이랴. 실로 세계 인도의 공통된 것일 것이다. 더구나 그들은 침략의 야망이 무한하니, 그 피해는 한국 사람에게만 그치지 않는다. 이제 와서는 중·러 두 나라 민족들도 그 해를 입게 되었다. 무릇 부모·형제·자매·처자가 있는 이로서 어찌 경계심이 없을 수 있겠는가.

부녀자에 대한 만행

함종군 바닷가에 어느 가난한 집 젊은 부인이 생선 장사로 생계를 유지했는데, 왜병이 그를 독립군으로 지목하여 찔러 죽여 두 살 난 어린애가 엄마 부르며 슬피 우는 그 정경은 참혹했다. 왜병은 동군(同郡) 범오리로 들어가 여학생을 강간하고 민가에 불을 놓았다.

선천군에서 어느 할머니가 5월 5일에 애국사상을 고취하는 연설을 하자 왜병이 칼로써 그의 입을 찢으니, 보는 자가 모두 격분했다.

3월 7일. 평양의 왜인 소방대원 5, 6명이 평양병원 옆 한국인 집에 침입했다. 그들은 여학생 2명을 붙잡아 쇠갈고리로 그들의 머리채를 끌어당겨 전봇대에 묶어 놓고 왜경에게 잡아가라 했다. 장대현 예배당 주일학교 여 교사가 왜병을 피해 급하게 달아나다가 소방대원의 쇠갈고리에 맞아 갈빗대가 부러져서 폐인이 되었다.

3월 하순, 경성 여학생 31명이 출감하여 곤욕당했던 일을 다음과 같이 밝혔다.

처음 수감되었을 때 무수히 구타당하고 발가벗겨져 알몸으로 손발을 묶인 채 외양간에 수용되었다. 밤은 길고 날은 혹독하게 추웠는데 지푸라기 하나도 몸에 걸치지 않았다. 왜놈들은 예쁜 학생 몇 명을 몰래 데려가서 윤간하고는 새벽에 다시 끌고 왔는데, 그들은 눈이 퉁퉁 붓고 사지에 맥이 빠져 있었다. 신문할 때에는 십자가를 늘어놓고 말하기를, "너희들은 예수교 신도이므로 십자가의 고난을 겪어 보아야 한다" 했다.

여자고등보통학교 학생 노영열을 나체로 십자가 위에 반듯이 눕히더니 이글이글 타는 화로를 옆에 놓고 쇠꼬챙이를 시뻘겋게 달궈 유방을 서너 번 찔렀다. 그리하여 결박을 풀고 칼을 휘둘러 사지를 끊으니, 전신이 호박처럼 되어 선혈이 낭자했다.

또 다른 십자가로 옮기어 머리채까지 다섯 군데를 묶은 뒤 고약을 불에

녹여 머리·음문·좌우 겨드랑이에 붙여 식자 힘껏 잡아뗐다. 털과 살이 달라붙고 피가 쏟아지니 왜놈들이 손뼉을 치며 껄껄댔다.

그들의 우두머리가 묻기를 "너는 그래도 감히 만세를 부르겠는가?" 하니, 대답하기를 "독립이 되기 전에는 그만둘 수가 없다" 했다. 할 수 없이 다시 원래의 감방에 유치시키고, 며칠 음식을 주지 않더니, 사흘 만에 다시 악형을 가했다.

대바늘로 머리통을 무수히 찔러도 항복하지 않고 도리어 통렬히 꾸짖었다. 왜병은 더욱 골이 나서 칼로 혀를 끊으려 하자, 우두머리라는 자가 만류하기를 "얼굴은 그대로 둬라" 하니, 할 수 없이 옷을 던져 주며 엄하게 훈계한 후 석방했다.

북간도 국자가에 사는 임신한 박동완의 부인이 산기에 임박했는데, 왜병이 그 집에 돌입하여 그 부인을 걷어차서 부상하여 뱃속의 태아가 유산되었다.

4

3·1 혁명의 역사적 의미

1. 3·1 운동이 아니라 3·1 혁명이다

우리는 3·1 혁명이 100주년을 맞이하는 지금도 아직 정명(正名, 올바른 이름)조차 회복하지 못한 채 '3·1 운동'이라는 잘못된 용어를 쓰고 있다. 1919년 3~4월 한민족이 왜적의 무자비한 총칼 앞에 생명을 내던지며 투쟁했던 '3·1 혁명'의 역사적 의미부터 살펴본다.

첫째, 국치 9년 만에 소수의 친일파를 제외한 전 민족이 하나가 되어 자주독립을 선언했다. 인구의 10분의 1 이상이 시위에 참여한 것은 세계 혁명사에서 처음이다.

둘째, 군주제를 폐지하고 근대적인 민주공화제로 전환하는 계기를 만들었다. 민족대표들이 독립하면 민주공화제 국가를 수립할 것이라 법정에서 진술하고, 각종 지하신문은 민주공화제를 추구했다. 상하이 대한민국 임시정부는 이를 받아 민주공화제를 채택했다.

셋째, 여성이 사상 처음으로 역사 현장에 등장했다. 4천 년 동안 남성 위주의 가부장제도에서 신음해 온 여성들이 독립된 주체로서 봉기했다.

의병투쟁 등에 소수의 여성이 참여한 적은 있으나 자주적으로, 집단적으로 역사 현장에 참여한 것은 이때가 처음이었다.

넷째, 신분해방의 사회로 가는 주춧돌을 놓았다. 조선 사회의 '천민계급'에 속해 있던 기생, 백정, 광대 등 하층인들까지 조국해방투쟁 전선에 주체적으로 참여하여 일제와 싸웠다. 이로써 군왕과 양반 중심의 계급 사회가 민중이 중심이 되는 평등주의 사회로 전환하는 계기가 되었다.

다섯째, 비폭력투쟁이었다. 3·1 혁명의 지도부는 처음부터 비폭력, 일원화, 대중화를 지침으로 했다. 이 사실 역시 세계 혁명사에서 처음 있는 일이다.

여섯째, 세계 피압박 민족 해방투쟁의 봉화 역할을 했다. 중국의 5·4 운동을 비롯해 인도와 이집트, 중동과 아프리카 제국의 반식민지 해방투쟁에 큰 영향을 주었다.

일곱째, 국치 이래 독립운동 일각에서 진행되어 온 존왕주의 복벽운동을 중단시키고, '주권 불멸론-국민주권승계론'에 따른 국민국가시대를 열었다.

여덟째, 국내만이 아니라 해외에 나가 살던 이주민과 망명자들까지 하나로 묶어 내는 한민족의 정체성을 보여 주었다. 한인이 거주하는 세계 곳곳에서 독립 만세에 참여했다.

아홉째, 독립의 당위성과 함께 일제의 패권주의와 침략성을 지적하고, 인류가 지향해야 할 국제평화, 평화공존, 인도주의 등 이상을 제시하면서 대한민국이 국제사회의 일원으로 등장했다.

3·1 혁명은 이처럼 코페르니쿠스적인 '후천개벽'의 대전환을 가져왔다. 이를 일컬어 어찌 '혁명'이라 하지 않을 수 있을까. 당시 일본 정부와 신문은 3·1 혁명을 '폭동, 난동, 소우, 반란' 등으로 표현했다. 그러나 중국의 신문·잡지는 '조선혁명, 대혁명, 조선해방투쟁' 등으로 썼고, 우리 독립운동가들도 그렇게 불렀다. 신해혁명의 지도자 쑨원은 '대혁명'이라고 했다.

해방 후 1948년 대한민국 정부가 수립되면서 제헌헌법 초안에서는 전문에 '3·1 혁명'으로 명시했다. 그러던 것을 지주 계급 출신의 한민당 계열 일부 제헌의원들이 국회의장 이승만에게 신생 정부를 뒤엎는 과격한 용어라고 진언해 '혁명'이 '운동'으로 바뀌게 되었고, 이 용어가 오늘날까지 그대로 이어졌다.

20세기의 가장 위대한 역사학자 중의 하나로 꼽히는 에릭 홉스봄이 『혁명의 시대』에서, 1789년(프랑스혁명)에서 1948년(2차 세계대전 마무리)에 이르는 유럽사를 산업혁명과 부르주아 혁명이라는 '2중혁명'으로 파악했는데, 3·1 혁명은 앞에서 열거한 대로 2중혁명을 넘어 '다중혁명'의 가치를 구현했다. 근대적인 시민혁명의 과정을 거치지 못한 채 곧바로 식민지로 전락했던 우리나라가 3·1 혁명을 통해 자주독립과 더불어 근대적 시민혁명의 과정을 동시에 수행한 것이다.

3·1 혁명은 어느 날 갑자기, 우연하게, 즉흥적으로 터져 나온 역사의 산물이 아니다. 안으로는 동학농민전쟁, 의병 투쟁, 만민공동회, 의열투쟁, 무장전쟁 등 밑으로부터 전개되어 온 민중운동과, 독립협회와 신민회 같은 단체들의 활동, 그리고 밖으로는 1917년 레닌의 민족자주론, 1918년 윌슨의 민족자결론 등이 영향을 미쳤다.

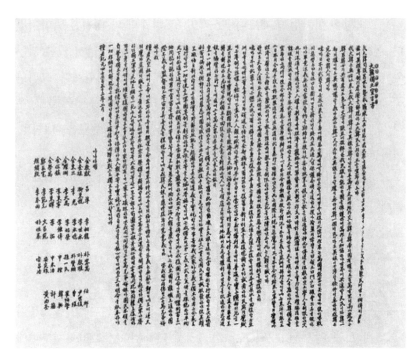

「대한독립선언서」.

　또한 국내에서는 1916년부터 천도교 천도구국단의 무장봉기 준비를
비롯해 기독교계 일각에서 거사 움직임이 있었다. 해외에서는 1917년
상하이에서 조소앙이 독립운동가 14명의 명의로 「대동단결선언」을 발
표하고, 1918년 여운형 중심의 신한청년당이 창당되고, 1919년 초 지린
(길림)에서 역시 조소앙이 작성하고 지도급 독립운동가 39명이 서명한
「대한독립선언서」(또는 「무오독립선언서」)와 같은 해 도쿄 2·8 학생독립선
언이 발표되었다. 모두 3·1 혁명으로 흘러든 역사의 맥락이었다.

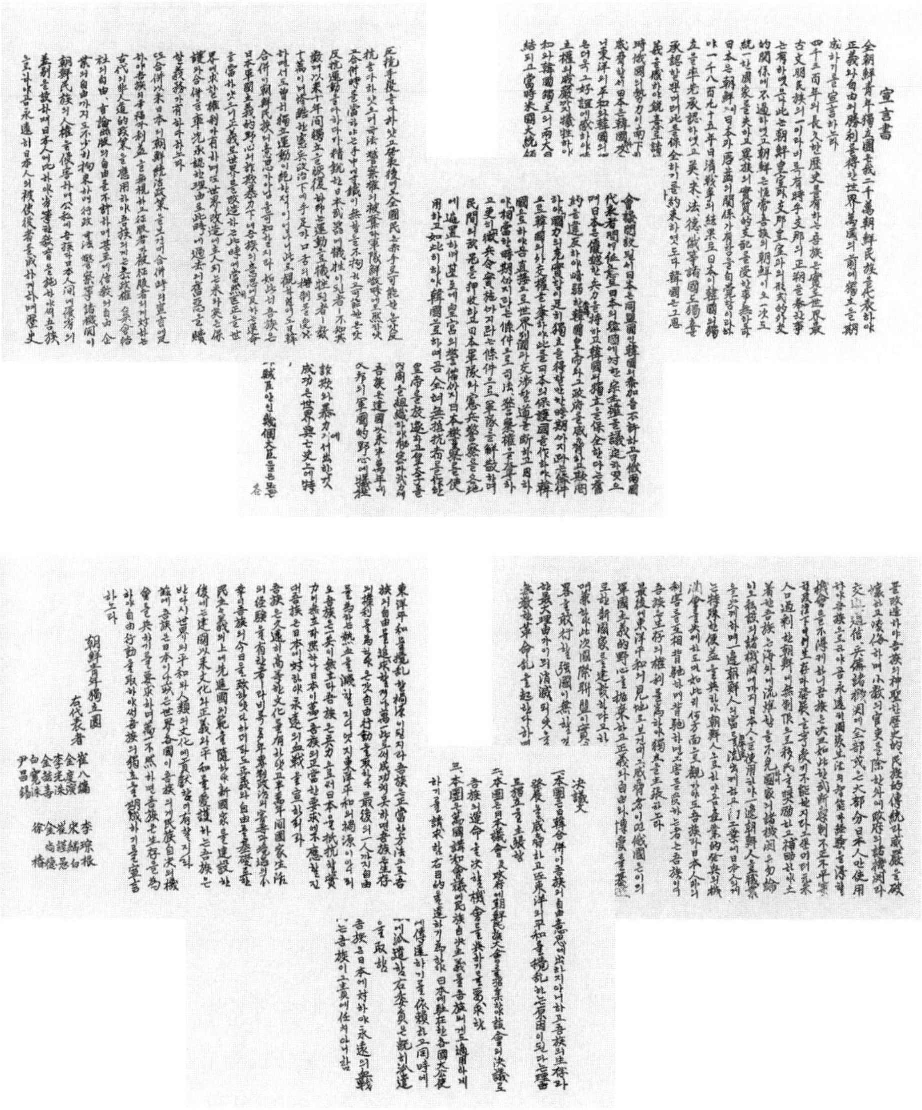

「2・8 독립선언서」.

2. 독립만세운동에 여성들이 참여하다

'3·1 혁명'이라는 용어가 올바른 이름인 데에는 여성들이 대대적으로 독립만세시위에 참여함으로써 더욱 확인하게 된다. 3·1 혁명 당시 검거된 사람들 중에 학생과 교원이 2,355명인데, 그중 여교사와 여학생이 218명이었다. 1919년 당시 여자들의 취학률이 남자들의 100분의 1 수준도 안 되었던 것에 비하면 굉장히 높은 수치다.

3월 1일 탑골공원에서 독립선언문이 낭독될 때 경기여고보생 최은희 등 여성 수십 명이 선언식에 참석하고 독립만세를 부르며 종로를 지나 서대문 방면으로 행진했는데, 이때 여성 32명이 검거되었다. 그날 1천여 명의 여학생이 YMCA 등과 연계하여 만세시위에 나섰다. 3월 3일에는 개성 호수돈학교 여학생들이 개성 시내에서 시위행진을 하다 전원 구속되었으며, 회령에서는 남녀 학생 5천여 명이 만세시위에 참가하고, 경기여고보생 이선경은 수원에서 혈복단(血復團)을 조직해 시위하다가 상하이 대한민국 임시정부에 참여했으며, 이화학당 고등과 1년 유관순은 충청도 목천에서 만세시위를 주도했다.

3·1 혁명 중 여성들의 항일투쟁으로 가장 활발했던 단체로는 정신여학교 교원 김마리아, 동경유학생 황에스더, 세브란스병원 간호사 이정숙 등을 중심으로 하는 '대한애국부인회'를 들 수 있다. 대한애국부인회 간부들은 100여 명의 회원을 포섭하여 전국 13도에 조직망을 설치하고 군자금을 모아 임시정부에 송금하다가 일경에 검거되어 혹독한 고문을 당했다. '대한애국부인회 사건'은 여성 독립운동사와 더불어 여권신장운동사의 신기원이기도 하다.

대한애국부인회 회원들(1943). 오른쪽부터 방순희, 권기옥, 김순애, 그리고 맨 왼쪽은 최소정(최선화).

 서울을 비롯하여 전국 각지의 시골 장터에서 일어난 만세시위에는 어김없이 여성들이 참여하고, 붙잡힌 여성 중에는 갖은 고문을 당하고 옥고를 치른 경우도 적지 않았다. 철산에서는 일본 군경이 임신부의 복부에 칼을 찔러 살해하고, 서대문형무소에서는 유관순 열사를 토막살해하는 만행을 저질렀다. 그 외에 일일이 열거할 수 없는 만행이 전국 곳곳에서 자행되었다. 외국 선교사들의 기록에 자세히 나와 있다.
 돌이켜보면 반만년의 가부장제의 남성중심 사회에서 사회참여와 국권회복투쟁에 여성이 등장한 것은 3·1 혁명이 계기가 되었다. 이 같은 현상만으로도 3·1 혁명은 기존 체제와 가치를 전복한 세계사적인 혁명에 속한다.

여성들이 3·1 혁명에 적극적으로 참여하게 된 경제·사회적인 배경이 있다. 대표적인 것이 총독부의 가혹한 조세와, 일제가 병탄 직후부터 3·1 혁명이 일어나기 직전까지 10년 동안 실시한 토지조사사업과 임야조사사업이다. 조상 대대로 물려받은 농지와 임야를 조선총독부가 멋대로 측량이라는 명분 아래 강제로 빼앗고, 조선 농민들을 소작인 또는 중세 유럽형 농노로 만들었다. 조선 농민들은 70~80% 수준의 소작료로 수탈당해야 했다. 식생활을 전담하던 여성들이 가장 큰 피해자들이 되었다.

그뿐만 아니라 전국에 거미줄처럼 설치한 각종 경찰관서와 주재소의 순사·헌병들의 천인무도한 여성 학살과 강간이 전국 곳곳에서 벌어졌다. 정절을 생명처럼 중히 여기던 여성들이 이에 맞서 자위의 깃발을 들고 일어난 것이다.

또한 한국 민족을 멸종시키기 위해 일본 남자에게 젊은 여성들을 강제로 결혼시키거나 첩으로 보낸다는 소문이 나돌면서(뒷날 성노예와 정신대로 이 소문은 현실화되었다) 여성들은 시골 장날 장바구니를 던지고 만세시위에 나섰다.

국권을 되찾기 위한 여성들의 활약은 눈부셨다. '대한독립여자선언'을 필두로 도쿄 2·8 독립선언에 참여한 여학생들, 송죽결사대, 대한애국부인회, 조선애국부인회 등 많은 여성들이 각종 비밀단체를 조직하고, 여학생 '파리강화회의 청원서', '열강국 부인회와 윌슨 미국 대통령 부인에게 보내는 청원서', '구국부인회 발기문' 등 국내외에 청원서를 보내는 등 일제와 부단하게 싸웠다.

인도의 초대 수상이 된 네루는 영국에 맞서 독립운동을 하다가 감옥에 갇혔을 때 조선 여성들의 독립투쟁 소식을 듣고 딸에게 "너도 조선 소녀들을 본받으라"고 편지를 썼다. 이 내용은 네루의 책 『세계사 편력』에 들어 있다.

3. 청사에 빛나는 여성 독립운동가들

3·1 혁명 이후 독립운동 과정에서 보인 여성들의 투쟁은 결코 남성들에 못지않았다. 남북을 가리지 않았고, 신분을 뛰어넘었다. 그럼에도 그동안 독립운동사는 남성 위주로 쓰이고 여성들은 생략되거나 '보조역할' 정도로 그쳤다.

1919년 3월 1일 오후 2시, 탑골공원에서 독립선언서가 낭독되고 독립만세시위가 시작되던 같은 시각에 평양과 신의주 등 북한 지역 여섯 곳에서도 만세시위가 일어났다. 경의선 열차를 이용해 그동안 중앙과 내밀히 연계했기 때문에 가능한 일이었다.

3·1 혁명은 남북에서 동시에 전개되고 함께 고통을 당했다. 북한 지역 출신의 대표적인 여성 독립운동 지도자로 조신성(평북 의주), 오광심(평북 선천), 이혜련(평남 강서), 황애덕(평남 평양), 최용신(함남 덕원), 김마리아(황해도 장연), 권기옥(평남 평양) 등을 들 수 있다.

이들은 국내(조신성, 황애덕, 최용신), 충청(오광심), 중국(권기옥), 미주(이혜련) 등에서 생명을 내걸고, 남성들 못지않게 조국해방투쟁을 전개했다. 이 밖에도 황해도 장연 출신의 김순애(김규식의 부인), 광복군 제3지대 요원 김옥선(평양), 여자청년동맹위원장 김윤경(황해도 안악), 한국혁명여성

한국혁명여성동맹 창립 기념. 첫째 줄 왼쪽부터 민필호 어머니, 정정화(김의한 부인), 이국영(민영구 부인), 김효숙(송면수 부인), 방순희(김관오 부인), 김정숙(고시복 부인), 김병인(이준식 부인), 유미영(최덕신 부인), 둘째 줄 왼쪽부터 손일민 부인, 조용제(조소앙 동생), 오영선(조소앙 부인), 송정헌(유평파 부인), 정정산(오광선 부인), 오건해(신건식 부인), 최동오 부인, 김수현(이광 부인), 노영재(김붕준 부인). 셋째 줄 왼쪽부터 윤용자(이청천 부인), 이상만 목사 며느리, 이숙진(조성환 부인), 최선화(양우조 부인), 오광심(김학규 부인), 연미당(엄항섭 부인), 최형록(조소앙 부인), 이순승(조시원 부인).

동맹 선전부장 김정숙(평남 용강), 임시정부 의정원 의원 김효숙(평남 용강), 일본헌병분견소에서 만세 부르다 17살 나이로 서대문형무소에서 순국한 동풍신(함북 명천), 근우회 집행위원장 박현숙(평양), 임시정부 의정원 의원이자 대한애국부인회 부회장 방순희(함남 원산), 한국광복진선청년공작대 대원 송정헌(평남 강서), 개성 호수돈여고 학생 시위를 주도하다

왼쪽부터 김마리아, 안창호, 차경신.

옥고를 치른 어윤희(황해도 금천), 하얼빈 주재 일본영사관을 습격한 오항선(황해도 신천) 등 일일이 열거하기 쉽지 않을 만큼 많다.

　남북을 가리지 않고 여성 독립운동가들을 더 꼽으면 다음과 같다. 고문으로 두 눈을 잃은 '대갓집 안주인' 김락, 이봉창과 윤봉길 의거를 도운 조선의용대원 이화림, 무명지 자르고 조선총독 암살에 가담한 남자현, 여섯 차례 국경을 넘은 임정의 안주인 정정화, '조국과 결혼했다'는 항일투사 김마리아, 간호사 출신의 여걸 박자혜, 조선의용대 용사 박차정, '효도보다 조국'을 가르친 조마리아, 임신한 몸으로 폭탄을 던진 안경신, 일경파출소를 습격한 제주 해녀 부춘화, 수원 3·1 만세를 주도한 기생 김향화, 이육사 시신을 인수한 이병희, 무장투쟁의 전위에 나선 김병시, 단발하고 독립운동에 나선 사상 기생 정칠선, '눈물 젖은 두만강'의 주인공 주세죽 등이다.

이 밖에도 우리가 잊어선 안 될 여성 독립운동가는 수없이 많다. 1919년 2월 간도에서 「대한독립여자선언서」를 발표한 김인종, 김숙경, 김옥경, 고순경, 김숙원, 최영자, 박봉희, 이정숙 등 8명, 매국노 이완용을 매섭게 질타한 진주교방 소속 기생 산홍(山紅), 사형 집행장에서 조선 13도를 상징하는 열세 걸음을 걸은 뒤 "내 심장에 총을 쏴라" 하며 독립만세를 불렀던 김알렉산드라, 타이항 산에서 독립군이 일제와 싸울 때 염분 섞인 돌을 찾아 동지들의 건강을 지킨 무명의 여성 의용대원…….

선열들은 대부분이 기미년 3·1 혁명의 세례를 받았고, 민주공화주의로 무장하여 강폭한 일제와 싸우다가 감옥이나 독립전선에서 산화했다. 그런 활동에 참여하지 못한 여성들은 가정을 지키고 자식을 길러 민족국가를 유지했다. 이제 후세들이 선열들의 정신을 이어받아 자주독립국가 건설과 평화통일을 이루어서, 산화한 독립운동가들이 영원한 안식에 들도록 해야 할 것이다. 이것이 3·1 혁명과 여성 독립운동가들의 정신을 기리는 우리들의 과제가 아닐까.

5

대한민국 임시정부를 세우다

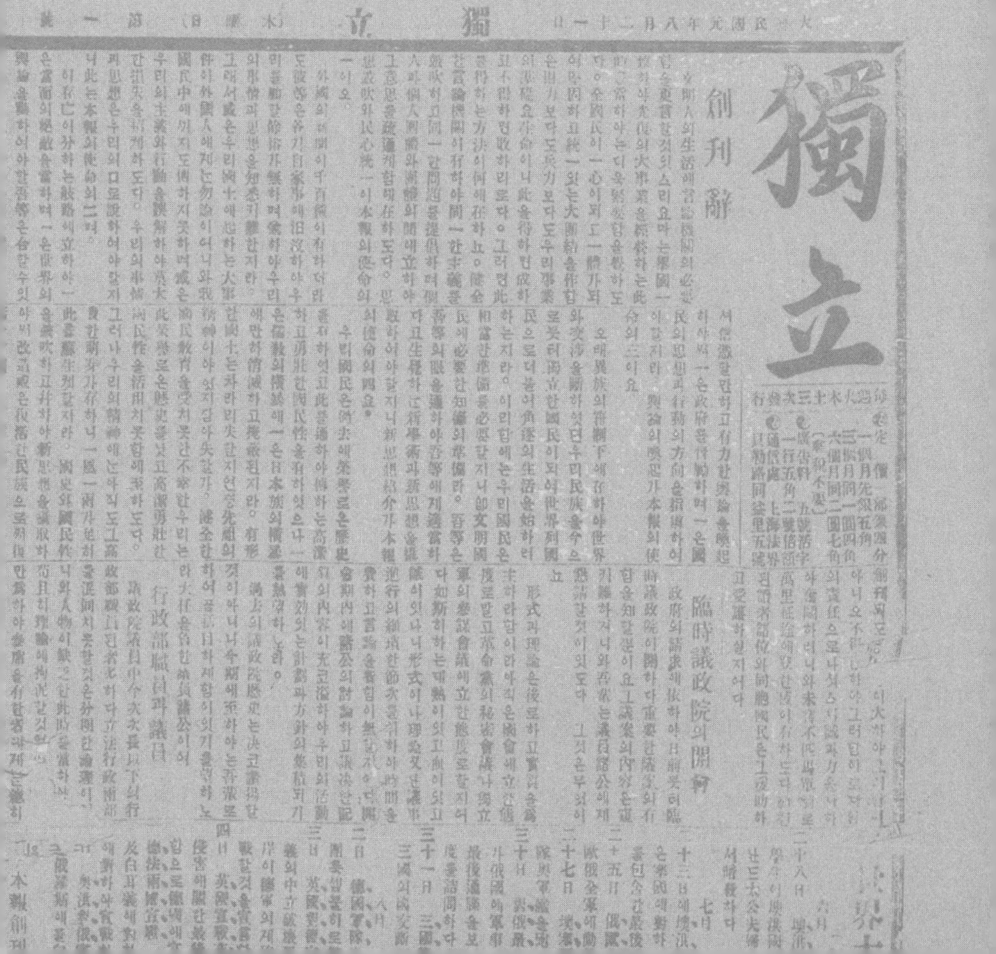

大韓民國元年八月二十一日 (木曜日) 獨立 第一號

獨立

創刊辭

臨時議政院의開會

1. 3·1 혁명의 가장 큰 성과, 대한민국 임시정부

3·1 혁명의 가장 큰 성과의 하나는 대한민국 임시정부 수립이다. 3·1 혁명 과정에서 자주독립을 선언했으니, 이를 실행할 주체가 필요했다. 그래서 한성(서울), 상하이, 연해주 등 8개의 임시정부가 선포되었다. 그중 1919년 4월 11일에 상하이의 프랑스 조계에서 수립된 대한민국 임시정부가 그해 9월 다른 임시정부들을 통합함으로써 한민족의 대표기관이 된다. 국치 9년 만에, 비록 해외에서였지만 국가를 대표하는 임시정부가 수립됨으로써 나라의 법통을 유지할 수 있게 되었다.

그런데 망명정부와 임시정부는 어떻게 다를까. 망명정부는 왕조나 정부의 법통을 승계할 수 있는 위치, 즉 왕(임금)이나 왕세자, 정부의 수반 또는 승계권자가 외국의 침략이나 정변, 쿠데타 등으로 쫓겨나서 세운 정부를 일컫는다. 이와 달리 임시정부는 왕조나 정부의 승계자와는 상관없는 사람들이 국권(왕권)을 회복하기 위해서 해외에 세운 정부를 말한다. 따라서 당연히 민간인들이 빼앗긴 나라를 되찾기 위해 상하이에 세운 것은 망명정부가 아니라 임시정부이다. 일제에게 빼앗긴 국토와 주권, 국민을 완전히 되찾아 '정식' 정부를 수립할 때까지 한시적으로 '임시'로 세운 정부이다.

그러면 상대적으로 한인이 많이 살던 중국 만주나 러시아 연해주가 아니라 상하이에 임시정부를 세운 이유는 무엇일까. 만주나 연해주는 한인이 많이 사는 것은 물론 국경과 가까워서 독립운동에 적합한 곳이다. 그러나 청일전쟁과 러일전쟁에서 승리한 일제가 그곳에 영사관과 경찰관서를 설치하는 바람에 임시정부가 자유롭게 활동하기 어려웠다.

이와 달리 상하이는 1800년대부터 상업도시로 발전한 해상교통의 요지이고, 1911년에 벌어진 중국 신해혁명의 거점도시인 데다, 1840년대에 외국 주권이 행사되는 조계(租界)가 있었다. 조계는 미국, 영국, 프랑스 조계가 있었는데, 임시정부는 그중에서도 프랑스 조계를 택했다. 그 이유는 프랑스 조계에는 1789년 프랑스 대혁명 정신, 자유·평등·박애 정신이 남아 있었고, 특히 프랑스 조계에서는 한국의 임시정부 장소를 양해했기 때문이다.

상하이를 독립운동의 거점으로 선택하는 데에는 중국 신해혁명(1911)에 직접 참여한 신규식(1880~1922)의 역할이 컸다. 을사늑약에 분통하여 음독했다가 오른쪽 눈을 실명한 신규식은 중국으로 망명한 뒤 쑨원을 도와 신해혁명에 가담하고, 이후 박은식, 신채호(1880~1936), 이상설(1870~1917) 등과 신아동제사(新亞 同濟社)를 조직해 상하이에 둥지를 틀었다.

신아동제사의 지사들은 얼마 뒤 신한혁명당을 조직하고, 고종 황제를 데려와 망명정부를 수립하고자 국내에 밀사를 파견했다. 그러나 이 일을 준비하던 성낙형이 일제 경찰에 검거되면서 이 운동은 좌절되었다.

우리나라 독립운동가들이 상하이 드나들 때 관문이었던, 황푸 강의 와이탄 부두 모습.

그 뒤 1917년 7월, 신규식, 조소앙, 신채호, 박은식, 윤세복, 홍명희, 박용
만 등 14명이 「대동단결선언」을 통해 임시정부를 수립하기 위해 연대를
하자고 촉구했다.

그러던 중 독립운동가들에게 국제정세의 변화가 감촉되었다. 1차 세
계대전의 종결과 1917년 10월 볼셰비키 혁명 후 레닌이 러시아 안의 100
여 개 소수민족에게 '민족자결'을 원칙으로 하는 「러시아 제민족의 권
리선언」을 발표하고, 1918년 1월에 토머스 윌슨 미국 대통령이 민족자

결주의 등 '14개조 원칙'을 선언했다.

여운형 등 신아동제사 간부들은 이 같은 국제정세의 추이를 지켜보면서 신한청년당을 조직하고, 김규식(1881~1950)을 파리강화회의에 파견하는 한편, 국내에서 3·1 혁명이 발발하고 임시정부 수립론이 제기되면서 상하이를 중심으로 임시정부 수립이 구체적으로 논의되기에 이르렀다.

상하이에는 기존의 동제사와 신한청년당 핵심인사들을 비롯해 러시아와 만주에서 활동하던 독립운동가, 3·1 혁명의 주역들이 파견한 현순, 일본에서 2·8 독립선언을 주도한 최근우, 미국에서 건너온 여운홍 등이 속속 모여들었다. 이들은 프랑스 조계 보창로에 독립임시사무소를 차렸다. 국내에서 3·1 혁명 준비자금으로 천도교계의 손병희가 기독교계 이승훈에게 전한 5천 원 중 2천 원으로 사무소를 임대했다.

이들은 1919년 3월 26~27일, 프랑스 조계의 한 예배당에서 독립운동을 지휘할 '최고기관'의 설치 문제를 논의하고, 이동녕, 이시영, 조소앙, 이광, 조성환, 신석우, 현순, 이광수가 참여하는 8인위원회를 구성하여 임시정부를 수립하기 위한 본격적인 절차에 들어갔다. 8인위원회는 논의를 거듭하여 먼저 임시의회를 설립하자는 데 합의했다.

4월 10일 오후부터 프랑스 조계 김신부로 셋방에서 임시의정원을 구성하기로 결정하고 조직체의 성격과 형태를 둘러싸고 치열한 논쟁을 벌였다. 정부를 수립하자는 측은 국치 이래 국민의 소망은 정부 수립에 있다고 주장했고, 다른 측은 위원회나 정당을 먼저 구성하자고 주장했다. 수직적인 정부가 수립되면 지역, 단체, 이념 등 다양한 계층의 사람이 참여하기가 어렵다는게 이유였다. 논란 끝에 결국 임시정부를 수립하는 데 뜻을 모았다.

상하이 대한민국 임시정부 청사.

　국내 각 도를 대표하는 29명으로 임시의정원을 구성하고, 국호와 연
호, 국체, 임시헌장(헌법)이 채택·제정되었다. 국호는 대한민국(大韓民國),
연호는 대한민국 원년, 국체는 민주공화제를 채택했다. 임시헌장을 제
정하기 위해 이시영, 조소앙, 신익희, 남형우로 4인위원회가 구성되고,
여기서 대한민국 임시헌장이 기초되었다.

임시의정원은 밤을 새워 토의를 거듭한 끝에 전문 10조로 된 임시헌장을 심의·통과시켰다. 국호 후보로는 대한민국, 조선민국, 고려공화국 등이 제안되었는데, 역시 토론을 거쳐 '대한민국'으로 확정했다. '대한'이라는 국호를 둘러싸고 일부 의정원 의원이 이미 망한 '대한제국'의 국호를 다시 쓸 이유가 있는지를 따졌으나, 다수 의원들은 망한 대한제국을 다시 일으켜 세운다는 의미와 함께 '한(韓)'이라는 명칭은 삼한 이래 우리 민족의 고유한 이름이라는 역사적 의미가 있다고 보았다. 마침내 '대한제국'에서 '제(帝)'자 대신 '민(民)'의 시대를 연다는 뜻에서 '대한민국'으로 결정되었다.

임시의정원은 의장에 이동녕, 부의장에 손정도, 서기에 이광수와 백남철을 뽑았다. 임시의정원은 정부 조직의 법제를 제정하고 4월 11일에 이를 공포했다. 대한민국 임시정부가 태어난 순간이다. 지금의 대한민국은 임시정부의 법통을 계승했기 때문에 1919년이 대한민국 건국 원년이 된다.

임시정부 의정원은 국무총리로 이승만을 선출한 데 이어 정부 각료를 선임했다. 임시정부는 국무총리에 선출된 이승만이 미국에 체류 중이어서 내무총장 안창호를 중심으로 운영되었다. 초기 내각 명단은 다음과 같다.

국무총리 이승만
내무총장 안창호
외무총장 김규식
재무총장 최재형

왼쪽 위부터 시계 방향으로 이승만, 안창호, 김규식, 이시영, 문창범, 이동휘.

군무총장 이동휘
법무총장 이시영
교통총장 문창범

  1919년 3~4월에 국내외에서 모두 8개의 임시정부가 수립·선포되었다. 조선민국임시정부, 신한민국임시정부, 대한민간정부, 고려공화정부, 간도임시정부 등은 수립 과정이 분명하지 않은 채 전단으로만 발표되었다. 실제적인 조직과 기반을 갖추고 수립된 임시정부는 러시아 연해주,

상하이, 한성의 임시정부였다.

상하이임시정부가 채택한 임시헌장의 10개 조항에는 "대한민국은 민주공화제로 함"(제1조), "대한민국은 임시정부가 임시의정원의 결의에 의하여 이를 통치함"(제2조), "대한민국의 인민은 남녀·빈부 및 계급 없이 일체 평등으로 함"(제3조), "대한민국의 인민은 종교·언론·저작·출판·결사·집회·거주이전·신체 및 소유의 자유를 향유함"(제4조) 등 근대적 민주공화제의 헌법 내용을 담았다. 비록 임시정부일망정 유사 이래 처음으로 민주공화제 정치체제를 채택했다.

2. 임시정부와 민주공화제

대한민국 임시헌장(헌법)은 1919년 4월 11일 임시의정원에서 심의를 거쳐 채택된 전문과 10개조로 구성되었다. 조소앙이 기초한 이 헌법에서 일제 병탄 9년 만에 국체와 정체를 민주공화제로 하고, 구(舊)대한제국의 복구가 아니라 민주공화제의 새 나라 건국을 내외에 천명한 것은 가히 혁명적이었다.

더욱 놀라운 것은 일제와 싸우는 전시체제의 임시정부가 "대한민국은 임시정부가 임시의정원의 결의에 의하여 이를 통치함"(제2조)이라고 규정하여, 권력분립체제를 분명히 했다는 사실이다. 실제로 임시정부 국정운영의 최고 정책결정 기관은 임시의정원이었다.

헌법은 남녀귀천·빈부계급이 없는 일체 평등을 명기하고(제3조), 신교·언론·거주이전·신체·소유의 자유(제4조), 선거권과 피선거권 보장(제

대한민국 임시의정원에서 사용하던 태극기.

5조), 교육·납세·병역의무(제6조), 인류의 문화 및 평화에 공헌과 국제연맹 가입(제7조), 구황실 우대(제8조), 생명형·신체형·공창제 폐지(제9조) 등의 조항을 담고 있다.

주목할 사실은 제10조에서 "임시정부는 국토회복 후 만 1개년 내에 국회를 소집함"이라고 하여, 광복 뒤에는 지체하지 않고 국민의 뜻에 따라 국회를 소집하겠다고 선언했다는 것이다.

비록 10개 조항에 불과한 임시정부의 임시헌법이지만 근대 민주공화제 헌법의 기본적인 내용은 거의 포함하고 있다. 1919년 봄, 다른 나라

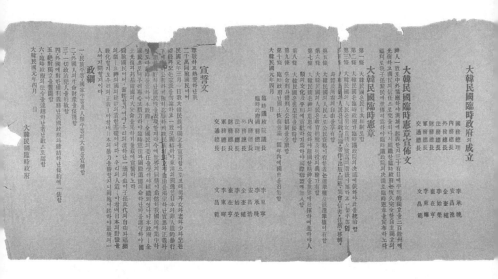

대한민국 임시헌장.

에 모인 망명 지사들은 이렇게 민주적인 신념으로 우리나라 국체의 근간을 민주공화제로 만들었다.

임시정부의 지도자들은 구황실의 예우 문제 같은 봉건적인 잔재가 없지는 않았으나, 헌법을 민주공화제로 만들고, 정부 형태는 의원내각제와 대통령중심제를 절충하는 방식을 채택했다. 임시정부는 1919년의 제1차 개헌, 1925년의 제2차 개헌, 1929년의 제3차 개헌, 1940년의 제4차 개헌, 1944년의 제5차 개헌 등 다섯 차례의 개헌 과정에서 민주공화주의의 기본을 유지했다. 임시정부가 채택한 공화제의 자유주의 이념은 8·15 해방이 될 때까지 지속되고, 대한민국의 헌법정신으로 이어졌다.

상하이임시정부는 의정원 의원의 임기를 2년으로 하고 해마다 3분의 1석씩을 개선케 하면서, 새로운 충원을 통해 민의를 받아들이고 법통을 유지했다. 그러나 초기에는 대통령과 국무총리에 대한 임기 규정이 마련되지 않아서 혼란을 빚기도 했다. 이승만 대통령이 윌슨 미국 대통령에게 한국을 당분간 국제연맹의 위임통치에 둘 것을 청원한 사실과, 이동휘 국무총리가 임시정부와 상의 없이 일방적으로 레닌에게 독립운동 원조를 교섭하고 측근이 받아온 자금을 측근이 일방적으로 사용한 사실이 드러나 이들은 임시정부에서 물러나게 되었다.

임시정부는 1927년 제3차 개헌에서 집단지도체제인 국무위원제를 채택했다. 대통령제의 1인체제에서 집단지도체제로 바꾼 것은 이승만과 이동휘가 물러나고 지도부의 공백 상태에서 다수 인사들의 참여를 통해 화합의 정부를 만들고자 하는 고뇌의 산물이었다.

임시정부 의정원은 1919년 4월 11일 임시정부 약헌(헌법)을 공포하면서 「정강(政綱)」도 함께 공포했다.

정강

  1. 민족평등·국가평등 및 인류평등의 대의를 선전함.
  2. 외국인의 생명재산을 보호함.
  3. 일체 정치범을 특사함.
  4. 외국에 대한 권리와 의무는 민국정부와 체결하는 조약에 의함.
  5. 절대 독립을 맹세하고 시도함.
  6. 임시정부의 법령을 위월(違越)하는 자는 적으로 함.

상하이임시정부는 최고 수반인 국무총리 선출을 두고 심한 논란이 일었다. 내정된 국무총리 후보 이승만의 적격성을 둘러싼 논란이었다. 이

회영, 신채호, 박용만 등 무장독립운동 계열 인사들이 '위임통치론'을 제기한 이승만을 거세게 비판하고, 의정원에서 이승만이 선출되자 이들은 급기야 회의장에서 퇴장해 버렸다. 이들은 외세에 의존하여 절대독립을 방해하는 사람이 새 정부의 수반이 될 수 없다고 강력히 주장했다.

이승만은 임시정부의 수반인 국무총리에 선출되었으나 상하이로 오지 않고 미국에 그대로 머물렀다. 자신을 집정관총재로 임명한 한성정부와의 관계 때문이었다. 그 사이 3·1 혁명 이후 여러 곳에서 수립된 임시정부를 통합하자는 운동이 전개되었다. 각 정부가 추대한 정부 수반이나 각료가 상호 중복되어 있고, 또 국내외 각지에 떨어져 활동하고 있어 미취임 상태로 있는 경우가 대부분이었다. 따라서 각각의 임시정부는 기능이 공백상태에 빠져들었고, 원활하게 활동하기가 쉽지 않았다. 이 같은 문제를 해결하기 위하여 단일정부로 통합하는 방안을 고민했다.

상하이임시정부 국무총리 대리이며 내무총장인 안창호가 1919년 8월 말 임시의정원 회의에서 한성정부 및 블라디보스토크의 국민의회정부와 통합하는 정부개편안을 제시했다. 이에 따라 여러 차례 논의한 끝에 9월 6일 3개 정부를 통합하고, 정부 수반의 호칭을 대통령으로 하는 새 헌법과 개선된 국무위원 명단이 발표되었다.

통합 임시정부가 정부 수반을 국무총리에서 대통령으로 바꾼 것은 미국에 있는 이승만이 줄기차게 요구했기 때문이다. 국무총리로 선출되고서도 상하이임시정부로 부임하지 않고 미국에서 활동해 온 이승만은 국무총리가 아닌 대통령으로 행세했다. 그는 대통령 호칭에 강하게 집착했다. 미국식 정치와 문화에 깊숙이 젖어 있어서 미국 정부의 수반인

'대통령(president)'이라는 호칭이 머릿속에 뿌리 깊이 새겨졌기 때문이다.

이승만은 상하이임시정부 직제에 대통령 직함이 존재하지 않았고 국무총리 직제인데도 굳이 한글로 대통령, 영어로 프레지던트라고 스스로 부른 것이다. 사소한 문제라 여길지 모르겠으나 그는 헌법 위에 군림하는 오만함을 보였다. 해방 뒤 집권하여 몇 차례나 헌법을 뜯어고치고, 헌법을 무시하면서 멋대로 통치한 것은 따지고 보면 이때부터 시작된 것이라 할 수 있다.

상하이임시정부는 수립 초기 정부령 제1호와 제2호를 반포하여 내외동포에게 납세를 전면 거부할 것(제1호)과, 적(일제)의 재판과 행정상의 모든 명령을 거부하라(제2호)는 강력한 포고문을 발령했다. 그리고 국내 조직으로 연통제와 교통국을 설치한 데 이어, 해외에는 거류민단을 조직해 임시정부가 관리했다. 연통제는 지방행정조직이고, 교통국은 비밀통신조직이었다. 국내의 무장·사상투쟁을 위해 전국 각 군에 교통국을 두고 1개 면에 1개의 교통소를 설치하도록 하고, 연통제는 각 도와 각 군에 지방조직을 갖춰 나갔다. 그러나 1920년 말부터 일제의 정보망에 걸려 국내의 지방조직이 파괴되고, 3·1 혁명의 열기가 점차 사그라지면서 국내에서 보내오는 독립기금이 크게 줄고 청년들의 임시정부 참여도 확 줄었다.

상하이임시정부는 이승만 대통령 선임을 둘러싸고 외무총장 박용만과 교통총장 문창범이 취임을 거부한 데 이어, 이회영과 신채호 등 무장투쟁 주창자들이 상하이를 떠나 베이징으로 올라가 버렸다. 엎친 데 덮친 격으로 1920년에 국무총리 이동휘가 러시아 정부가 지원한 독립운동 자금을 독자적으로 처리하여 물의를 일으키다가 1921년에 임시정부를

이승만 대통령의 상하이 도착 환영식. 태극기 아래 서 있는 사람들 왼쪽부터 손정도, 이동녕, 이시영, 이동휘, 이승만, 안창호, 박은식, 신규식, 장붕.

떠났다. 이에 임시정부는 이동녕, 신규식, 노백린이 차례로 국무총리 대리를 맡아 정부를 이끌 만큼 불안정한 상태로 운영되었다. 워싱턴에 머물던 이승만은 1920년 12월 5일에 상하이에 도착했다.

임시정부 국무위원들은 이승만이 정부가 수립된 지 1년 반 만에 왔으니 임시 대통령으로서 무슨 방책을 준비해 온 것으로 믿었다. 그러나 그는 아무런 방안도 내놓지 못했다. 이승만에게 기대를 걸었던 임시정부 요인들은 실망하지 않을 수 없었다. 이승만은 떠나는 이들을 붙잡아 포용하려는 대신 신규식, 이동녕, 이시영, 노백린, 손정도 등을 새 국무위원으로 임명하여 위기를 넘기려 했다.

당시 만주, 간도, 연해주 등지에서는 민족독립을 위한 무장독립전쟁 단체들이 속속 결성되어 항일투쟁을 벌이고 있었다. 북로군정서, 대한 독립군단, 대한광복군, 광복군총영, 의열단, 의군부, 대한신민단, 혈성 단, 신대한청년회, 복황단, 창의단, 청년맹호단, 학생광복단, 자위단 등 이 결성되고, 특히 1911년에 설립된 신흥무관학교는 강력한 군사훈련을 통해 독립군 간부들을 길러냈다.

만주 각지에서 조직된 무장독립군 세력들이 연대하여 승리한 봉오동 전투(1920년 6월)와 청산리 전투(1920년 10월)는 국치 이래 최대의 항일대첩 이었다. 이런 상황인데도 상하이임시정부는 이승만의 독선과 독주로 요 인들이 하나둘씩 떠나가고, 실현성이 취약한 '외교독립론'에 빠져 있었 다. 결국 1년 반 동안 임시정부에서 활동했던 이승만은 혼란만 가중시킨 채 1921년 5월 미국으로 떠났다.

3. 이승만 대통령을 탄핵하다

이승만의 독선적인 정부 운영과 무대책에 실망한 임시정부 국무위원들 과 의정원 의원들은 국민대회를 준비하면서 지도체제를 대통령중심제 에서 국무위원중심제, 즉 일종의 내각책임제로 바꾸는 개헌작업을 시도 했다. 그러나 이승만이 이에 반대하면서 임시정부는 분열이 더욱 심해 지고, 이를 이유로 이승만은 1921년 5월 29일 마닐라행 기선 컬럼비아 호를 타고 상하이를 떠났다. 이로써 이승만의 1년 반여 임시정부 활동은 사실상 끝나게 되었다. 하지만 이승만은 또 다른 불씨를 남기고 떠났다. 그가 대통령직을 사퇴하지 않고 임시정부를 떠났던 것이다.

6월 29일에 하와이 호놀룰루에 도착한 이승만은 민찬호 등과 대한인동지회를 조직하고, 동지회 창립석상에서 임시정부를 맹렬하게 비난했다.

이승만은 임시정부로부터 1921년 9월 29일 태평양회의(워싱턴 군축회의)에 참석하라는 지침을 받고 하와이에서 워싱턴 D.C.로 돌아왔다. 태평양회의 한국 대표단의 전권대사로 임명된 것이다. 태평양회의는 1921년 7월 11일, 미국의 신임 대통령 하딩에 의해 제의되었다. 파리강화회의가 유럽 중심의 국제 현안을 다룬 것에 비해 동아시아, 태평양 지역의 현안 문제를 포괄적으로 다룰 국제회의를 워싱턴에서 갖자고 제의했고, 일본, 영국, 프랑스, 이탈리아 등이 이 제안을 받아들이면서 회의가 열리게 되었다.

상하이임시정부에서 자신의 위상이 흔들리는 것을 지켜보고 미국으로 돌아온 이승만은 워싱턴 D.C.의 구미위원부를 한국위원회(The Korean Commission)로 이름을 바꾸고 이를 활동 근거지로 삼았다.

파리강화회의에 참석했던 김규식이 8월 25일 워싱턴에 도착한 것을 계기로 이승만 등이 한국위원회를 발족했고, 김규식을 위원장으로 위촉하고, 10월 10일 워싱턴회의에 참석하는 미국 대표에게 '한국독립청원서'를 제출했다. 12월 1일에는 다시 '군축회의에서 드리는 한국의 호소'를 발표하는 등 노력했으나 제국주의 열강 국가들에게 한국의 독립 문제는 안중에도 없었다. 워싱턴회의 역시 아무런 성과 없이 끝나고 말았다.

구미위원부 직원들(앞줄 오른쪽에서 둘째가 김규식, 셋째가 이승만).

이승만은 1922년 2월에 호놀룰루로 귀환했다. 이승만은 상하이에 이어 워싱턴의 활동에서도 자신의 한계를 깨닫게 되는데, 이는 이승만이 이후 하와이에 정착하게 되는 배경이 되었다.

1923년 6월, 이승만은 임시정부 대통령으로서는 걸맞지 않은 행사를 진행해 교포 사회에 물의를 빚었다.

이승만은 1923년 6월, 자신이 운영하는 한인기독학원의 남학생 12명, 여학생 8명으로 '하와이학생 고국방문단'을 구성하고, 자신이 운영하던 학교 건축비를 조달할 목적으로 호놀룰루 주재 일본 총영사관과 교섭하여, 이 학생들이 일본 여권을 갖고 한국을 방문케 했다.

이승만이 무책임하게 떠나 버린 상하이임시정부는 한때 구심을 잃고 극심하게 분열하는 모습을 보였다. 의정원은 탄핵 발의에 앞서 미국으로 건너간 이승만에게 전보를 보내 수습을 요청했으나, 그는 여전히 자신의 입장만을 고수했다. 당시 의정원이 이승만에게 보낸 전문과 이승만의 답신에 그 내용이 잘 드러나 있다.

△ 임시 대통령 이승만 각하

"정부의 형세가 급하니 유지 방침을 보내시고 난국을 정돈하여 주십시오."(1922. 4. 17.)

△ 임시의정원 제공(諸公)

"노백린을 국무총리로 임명하니 내각을 다시 조직하고 나의 결재를 받은 후에 실시하시오."(1922. 4. 18.)

△ 임시 대통령 이승만 각하

"노백린은 국무총리직에 취임이 불능하고 정부에 각원이 없으니 무정부 상태이오. 속히 책임을 이행하시되 5일 안으로 회답하시오."(1922. 5. 16.)

△ 임시의정원 제공

"당신들이 소란을 일으키면 이곳의 재정수합하는 일이 방해되어서 제정 곤란을 당할 터이니 속히 정돈하시오."(1922. 5. 22.)

△ 임시 대통령 이승만 각하

"시국이 지극히 어려운데 임시 대통령과 국무위원들이 정부에 대한 책임을 이행하지 못하므로 임시 대통령 불신임안이 제출되었으니 의향을 말씀해 주십시오."(1922. 5. 25.)

△ 임시의정원 제공

"국내에서 13도 대표가 정부를 조직하고 이로써 정식 정부가 설립될 때까지 이행하자는 약법이 있으므로 정식 후임자가 나오기 전에는 사면을 전할 곳이 없어서 사면하지 못하겠오."(1922. 6. 8.)

△ 임시 대통령 이승만 각하

"헌법에 의하여 후임자 선택의 책임이 임시의정원에 있는 것이니 염려 마시고 사직하시오."(1922. 6. 9.)

임시정부와 이승만의 갈등은 합의점을 찾지 못하고 점점 파국으로 치달았다. 이승만은 의정원의 사태수습 요구를 외면하고 결국 더 이상 답신조차 보내지 않았다. 그에게 중국에 있는 임시정부 청사는 우선 신변의 불안감을 느끼게 했고, 무엇보다 일제와 싸우는 것 자체를 그는 무의미한 일로 인식했다. 그는 독립운동을 통해 일제를 타도하는 게 비현실적이라고 생각했다.

임시정부 의정원은 1922년 6월 10일에 이승만 대통령 불신임안을 제출해 일주일간 토의한 끝에, 6월 17일 재적의원 3분의 2의 찬성으로 불신임안을 의결했다. 정부 수립 3년여 만에 임시 대통령 불신임안이 채택된 것이다. '불신임'의 이유는 다음과 같다.

① 임시 대통령 피선 6년에 인민의 불신임이 현저하여 각지에서 반대가 날마다 증가되며 그 영향이 임시정부에 미치는데 민중을 융화하지 못하고 감정으로만 민중여론을 배척하는 까닭에 분규와 파쟁이 조장되고 독립운동이 침체상태에 빠져 있다.

② 임시 대통령 이승만이 대미 외교사업을 빙자하며 미주에서 동포들이 상
납하는 재정을 수합하여 임의 사용했고 정부 재정을 돌아보지 않았으며
국제연맹과 열강회의를 대상으로 하던 구미위원부 외교사무가 중단됨에
도 불구하고 헛된 선전으로 동포를 유혹하여 외교용 모집을 계속하여 그
재정으로 자기의 동조자를 매수하고 있다.

③ 국무위원이 총사직을 제출했으나 임시 대통령이 그 사직청원서를 처리
하지 못하고 몽매한 처사로 여러 번 국무총리를 임명했는데 당사자가 알
지 못하게 단독적 행사를 하여 혼란을 계속할 뿐이고 아직도 정부를 정
돈하지 못하고 있다.

④ 국무위원은 총사직을 발표한 다음 아직도 거취를 작정하지 못하고, 다만
임시 대통령의 처사를 기다린다고 하여 곤란한 시국에 대책 없이 앉아서
감정적 행동으로 정부 위신을 타락시키고 있다.

⑤ 이상의 사실이 임시 대통령과 국무원 불신임안 제출의 이유다.

임시의정원의 '불신임' 결의에도 이승만은 먼 산의 불구경하듯 했다.
무책임, 독선, 아집의 극치였다. 그는 구미위원부의 사업을 빙자하여 임
시정부의 허락도 없이 독립공채를 팔아 자신과 측근들의 활동비에 충당
했다.

1925년 3월 18일, 임시정부 의정원 의원 곽헌, 최석순, 문일민, 고준택,
강창제, 강경신, 나창헌, 김현구, 임득신, 채운개의 명의로 '임시 대통령
이승만 탄핵안'이 발의되고, 임시 대통령심판위원장 나창헌, 심판위원
곽헌, 채원개, 김현구, 최석순이 선임되었다. 심판위원회의 심의를 거쳐
임시의정원에서 '임시 대통령 이승만 심판서'를 의결하고 주문(主文)으

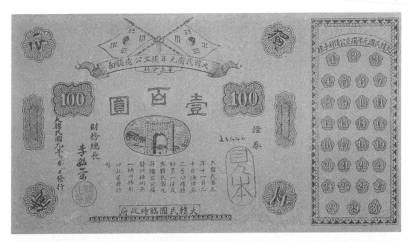

대한민국 임시정부에서 발행한 독립공채 100원짜리 견본(위)과 1,000원짜리(아래).

로 "임시 대통령 이승만을 면직한다"고 공표했다. 다음은 '면직 사유'의 일부분이다.

이승만은 외교에 실효성 없이 언탁(言托)하고 직무지를 떠나 5년간 원양 일우에 격재하면서 난국수습과 대업진행에 하등 성의를 다하지 않았을 뿐 아니라 허무한 사실을 제조 간포하여 정부의 위신을 손상하고, 민심을 분산시켰음은 물론 정부의 행정을 저해하고 국고 수입을 빙의하며 의정원의 신성을 모독하고 공결(公決)을 부인하며 심지어는 정부의 행정과 재정을 방해하고, 임시헌법에 의하여 의정원의 선거에 의해 취임한 임시 대통령으로서 자기 지위에 불리한 의결이라 하여 의정원의 의결을 부인하고 한성조직 계통이라 운운함과 같은 대한민국의 임시헌법을 근본적으로 부인하는 행위이다. 여사 국정을 부인하고 국헌을 부인하는 자를 하루라도 국가원수의 직에 두는 것은 대업 진행을 가할 수 없으며 국법의 신성을 보유하기 어려울 뿐 아니라 순국 제현도 명목(瞑目)할 수 없는 바이며 또한 살아 있는 충용의 소망이 아니다.

이승만은 임시정부 대통령에 취임한 지 6년여 만에 의정원에서 면직되었다. 헌법 절차에 따른 탄핵이었다.

4. 결렬됐으나 의미 큰 국민대표회의

이승만의 탄핵을 전후하여 임시정부는 큰 혼란에 빠졌다. 지도력의 공백상태에다 파벌대립이 심화되었다. 이에 안창호 등이 독립운동 진영을 하나로 묶는 데는 국민대표회의 말고는 달리 길이 없다고 믿고 여기에 온 힘을 쏟았다. 임시정부 측으로부터 조직적인 반발이 있었지만 이를 극복하면서 대회 소집을 추진했다.

다행히 동조자(세력)가 많았다. 박은식 등 14명의 '아 동포에 고함'이라는 지지선언과, 베이징의 신채호, 박용만 등 군사통일주비회, 그리고 여준, 이탁, 김동삼 등 만주 액목현 회의 지도그룹, 여기에 1921년 겨울 모스크바에서 열린 극동인민대표회의 사람들도 이를 지지했다.

미국이 주도한 태평양회의에 큰 그대를 걸었던 이승만 그룹의 외교독립론이 무산되면서 우 독립운동가들은 때마침 모스크바에서 열리는 극동민족대회에 23개 단체에서 52명이 참가(소련, 중국, 일본, 자바 등 5개국 총 144명 참가)했다. 이 대회에 참가한 대표 중 한국인이 36%가 될 만큼 많은 사람이 참가했다.

이 같은 분위기와 여론을 발판으로 안창호는 국민대표회의 소집에 적극 나섰다. 4월 24일, 각계 인사 129명의 서명을 받고 발회식을 열어 임시정부의 단점, 시정책, 혁신과제 등의 강령을 채택했다. 이에 대해 임시정부 측은 내무부 통첩을 통해 "불온 언동에 대한 주의"를 발표하는 등 여전히 국민대표회의의 소집을 반대했다.

안창호 등이 국민대표회의를 적극 추진한 데는 임시정부 내의 여러 가지 문제와 함께 1920년 훈춘 사건(간도 참변)도 한 변수가 되었다. 3·1 혁명 후 많은 조선인이 만주로 건너가 독립군을 조직하고 항일무장투쟁을 전개하자, 일제는 이들을 없애기 위해 이 지역에 병력을 투입할 구실을 찾았다. 일제는 마적 수령 장강호(長江好)를 매수해 마적단 400여 명으로 하여금 훈춘을 습격하게 했다. 이 공격으로 훈춘의 일본영사관 직원과 경찰 가족 등 일본인 9명이 살해되었다.

일제는 이 사건을 빌미 삼아 마적 토벌이라는 구실로 군대를 출동시켜 일대의 조선인과 독립운동가들을 무차별 학살하는 만행을 저지르고, 한인회와 독립단 조직을 파괴했다. 특히 독립군의 활동기반인 조선인 교포의 학살에 역점을 두었으므로 훈춘에서만 250여 명의 조선인 교포가 참변을 당했다. 이 사건을 시작으로 일본군의 만주 지역 조선인 교포 학살행위가 그치지 않으면서 독립군의 뿌리가 흔들리게 되었다.

이 무렵에 벌어진 자유시 참변(일명 헤이허 사변)도 국민대표회의의 개최 요인으로 대두되었다. 1921년 6월 28일, 노령 자유시(알렉셰프스크)에서 약 5킬로미터 정도 떨어진 수라세프카에 주둔하던 한인 부대 사할린 의용대를 러시아 적군 제29연대와 한인보병자유대대가 무장해제시키는 과정에서 서로 충돌하여 다수의 사상자가 발생했다. 이르쿠츠크파 고려공산당과 상하이파 고려공산당의 파쟁이 불러일으킨 불상사였다. 이 사건으로 사망 272명, 포로 864명, 행방불명 59명 등 한인 교포와 독립군의 커다란 희생이 따랐다.

이 같은 사건들 때문에 임시정부의 군무부를 만주로 이전해야 한다는 주장이 나오기도 했으나 실현되지는 않았으며, 결국 국민대표회의 개최로 중지를 모으게 되었다.

안창호와 여운형은 1921년 3월 15일에 국민대표회촉진회를 조직하면서 임시정부를 개조하는 동시에 정부 명칭을 폐하고 위원회 제도 또는 당의 조직으로 변경할 것을 1차적인 대회 개최의 목표로 삼았다. 5월 19일, 대회 소집에 찬동하는 300여 명의 명단이 확보되고, 6월 6일, 국민대표회주비회를 열어 회의 소집 예정일과 대표 자격, 대표 선출 구역 등을 확정했다.

주비회는 또 대표를 지방대표와 단체대표로 나누고, 단체는 다시 보통단체와 특수단체로 구분했다. 지역대표는 국내 26명을 포함하여 모두 47명, 보통단체는 종교·노동·청년단체로서 독립운동을 목적으로 하는 단체인데, 회원 100명 이상일 경우 1명, 1만 명 이상일 경우 2명의 대표를 파견할 수 있도록 했다.

결과적으로 회의에 참가할 지역 및 단체는 135개이며 대표는 158명이었으나, 자격심사를 받아 대표로 확정된 인원은 국내, 상하이, 만주 일대, 베이징, 간도 일대, 노령, 미주 등지의 대표 125명으로 확정되었다.

1923년 1월 3일, 상하이 프랑스 조계 민국로(民國路)의 미국인 예배당에서 국민대표회의가 개최되었다. 일제의 방해와 교통사정 등으로 개회 당일 참석자는 62명이었다. 대회는 안창호를 임시의장으로 선출했다. 회의가 진행되면서 각지의 대표들이 속속 참석하고 열기도 뜨거웠다.

회의에서는 의장에 김동삼을, 부의장에 안창호와 윤해를 선출했다. 평균 3일에 1회 꼴로 열린 회의에서는 독립운동 대방략에서부터 시국 문제, 국호 및 연호, 헌법, 위임통치사건 취소, 자유시 참변, 통의부 사건, 기관조직 등이 광범위하게 논의되었다.

회의는 군사, 재청, 외교, 생계, 교육·노동 등의 6개 분과로 나누고, 헌법기초위원회, 과거문제조사위원회 등 2개 위원회를 설치하기로 했다. 경비는 독립운동단체에서 부담하고, 찬조금으로 한형권이 모스크바의 레닌에게서 받아온 기금으로 충당했는데, 이 자금 문제를 둘러싸고 회원들 사이에 격론이 벌어지기도 했다.

회의가 계속되면서 독립운동의 방략과 시국 문제의 토론에서 각 지방과 단체, 개인 사이에 이견이 대두되었다. 이를 크게 나누면, 임시정부를 해체하고 새로운 정부를 조직해야 한다는 창조파와, 임시정부를 그대로 유지하면서 실정에 맞게 효과적으로 개편 보완해야 한다는 개조파의 주장으로 나뉘었다.

개조파와 창조파로 갈라진 회의는 팽팽하게 논쟁을 펼쳤다. 3월 20일 이후에는 정식 회의를 그만두고 비공식 접촉을 가지면서 돌파구를 찾으려 했다. 공백기간이 지난 뒤 4월 11일부터 회의가 재개되었지만, 결국 다시 임시정부 처리 문제로 돌아왔다. 63회 회의가 열린 5월 15일을 끝으로 양대 세력의 활동모임은 없었다. 결렬을 눈앞에 둔 6월 4일에 안창호·손정도·정신·왕삼덕 등 개조파와 신숙·윤해 등 창조파 및 김동삼이 합석하여 타협책을 마련하느라 노력했다. 그러나 이마저도 결렬되었다.

안창호는 이 회의에서 의정원 의원과 대표회의 회원 합동으로 헌법을 제정하고, 기관을 조직한 뒤 종전의 헌법과 기관을 일체 폐지하자는 안을 내놓았다. 또 그를 비롯한 개조파 대표는 의정원과 국민대표회의의 비공식 연합회에서 헌법회의를 구성하고, 그 조직이 완료되면 양쪽이 해산하며 헌법회의 결정사항을 임시정부 국무원에서 공포하도록 하자는 안을 마련했지만, 모두 임시정부 측에 의해 수용되지 않았다.

국민대표회의는 비록 결렬되고 말았으나 독립운동사에서 차지하는 그 의미는 적지 않았다.

첫째, 이 회의는 독립운동사에서 최대 규모의 모임이었다. 일제의 위협과 장소 문제 등 여러 가지 어려움 속에서도 각 지역, 단체가 대거 집결했다.

둘째, 독립운동계가 안고 있던 상황을 극복하기 위해 이루어졌다는 데 의미가 있다. 임시정부의 재평가와 지난 독립운동의 공과에 대한 반성을 통해 독립운동의 활성화 방안을 모색하고자 했다.

셋째, 1920년대 국내외 독립운동의 전반적인 성향과 동포사회의 분포뿐만 아니라 성향과 방략의 차이를 확인할 수 있었다.

넷째, 임시정부가 체제를 정비할 수 있는 기회를 마련해 주었다. 이 회의의 자극으로 임시정부는 1925년 제2차 개헌을 단행하는 등 체제정비의 노력을 기울이게 되었다.

다섯째, 독립운동계에 민족협동전선의 필요성을 절감하게 해 주었다. 이념의 벽을 넘어 전 민족의 역량을 한일투쟁으로 결집해야 할 폭넓은 공감대가 형성되었다. 이후 국내외 각지에서 민족협동전선운동이나 유일당운동으로 나타나게 되었다.

여섯째, 참가한 모든 대표가 임시정부 문제를 토의함으로써 정부조직 자체에 대해 긍정적으로 인식하고 있었음을 보여 주었다.

5. 임시정부 제2대 대통령 박은식

임시정부 요인들은 이승만과 국민대표회의 등으로 어지러워진 임시정부의 혼란을 수습하는 데 힘을 기울였다. 임시의정원은 1925년 3월 18일, 이승만 탄핵 심판위원회의 심판서를 접수하고 "임시 대통령 이승만을 면직함"이라는 '주문(主文)'을 발표함과 아울러 새 대통령에 《독립신문≫ 사장이자 주필인 박은식을 선임했다.

박은식은 이에 앞서 1924년 12월 11일, 임시정부 국무총리에 취임하고, 유고 상태인 대통령 대리를 겸임하고 있었다. 그런 가운데 의정원에서 이승만의 탄핵이 결정되면서 정식으로 대한민국 임시정부의 제2대 대통령으로 선임되었다.

박은식은 1920년 12월 8일, 이승만이 임시정부 대통령에 선임되고 1년 6개월 만에 상하이에 도착하자 망명지사들과 함께 같은 달 28일에 성대하게 환영회를 열었다. 그리고 환영사를 통해 국사에 전력할 것과 공화정치를 실천할 것을 주문했으며, 정부의 모든 사람은 이 박사의 지도를 기꺼이 받아 단결하자고 역설했다. 그러나 기대는 헛일이 되고 말았다. 이승만은 독선과 아집, 그리고 무대책으로 임시정부에 혼란만 더 불러일으킨 채 결국 탄핵당하고 말았다.

의정원 의원들은 박은식의 인격과 애국심, 그리고 인화와 중국 조야 각계 인사들과 폭넓은 교우관계 등을 고려하여 혼란기 임시정부의 최고 지도자로서 그를 선택했다.

박은식은 1911년 53살에 망명하여 만주와 해삼위(블라디보스토크), 중국 관내의 수십만 리를 오가면서 국권회복투쟁에 나선 지 14년 만에, 67살의 나이에 임시정부의 최고 수반에 선임되었다. 자신이 원해서가 아니라 과도기의 적합한 인물로서 추대되었다.

3월 24일, 박은식은 임시정부 청사에서 조촐하게 취임식을 열고, 이어서 상하이 시내 3·1당에서 교민들과 함께 순국열사를 기리는 추도식을 거행했다. 추도사에서는 선열들의 뜻을 받들어 조국 광복을 위해 정진할 것을 다짐하고, 참석한 각료들을 격려했다.

박은식(왼쪽)과 노백린.

새 대통령에 취임한 박은식은 국무총리에 군무총장 노백린을 임명하고 나머지 각료들을 모두 유임시켰다. 박은식 내각은 다음과 같다.

대통령 박은식
국무총리 겸 군무총장 노백린
내무총장 이유필
법무총장 오영선
학무총장 조상섭
재무총장 이규홍

박은식은 성격이나 체질적으로나 관직에 미련을 두지 않는 인물이었다. 구한말에 남다른 학식과 자질에도 벼슬은 능참봉에 그쳤는데, 그마저 내던지고 현실에 참여하여 국권회복운동에 나선 일이나, 망명 시기

각지에서 각급 단체를 조직하고서도 윗자리를 양보하는 모습 등에서 그것이 사실임이 입증된다. 임시정부의 대통령직은 본인이 원해서가 아니라 혼란을 수습하기 위해서, 그야말로 '임시'로 추대되고, 그럴 요량으로 수락했다.

임시정부는 그동안 이승만의 탄핵과 맞물리거나 운영을 둘러싸고, 그리고 이념과 시국관에 따라서, 정부의 개조를 주장하는 안창호 중심의 '개조파', 정부를 아예 해체하고 새로 조직하자는 이동휘·문창범 계열의 '창조파', 김구·이시영 등의 '현상유지파' 등으로 크게 갈렸다. 박은식은 그 어느 쪽에도 편향하지 않으면서 통합을 주도하는 입장이었다.

독립운동가들은 더 이상의 분열과 이합집산을 막기 위하여 임시정부의 통치구조를 바꾸기로 했다. 박은식의 뜻이기도 한 개헌 작업이 의정원을 중심으로 추진되어 대통령 대신 국무령과 국무원으로 조직되는 내각책임제로 바꾸는 데 대체로 인식을 같이했다.

이를 바탕으로 국무령을 최고 수반으로 하는 임시정부의 제3차 개헌안이 1925년 7월 7일 발효되면서 박은식은 '개정임시헌법 시행축식(祝式)'을 갖고 대통령직에서 물러났다. 3개월 보름 정도의 재임기간 중 내각책임제 개헌을 단행하고 물러난 것이다.

권력의 속성 탓인지, 동서고금을 막론하고 위정자들은 대부분 그 자리에 앉으면 권력강화와 연장을 위해 음모를 꾸미거나 위법적인 행위를 일삼는다. 그런데 박은식은 짧은 기간에 자신의 권력을 내려놓은 개헌을 통해 권력을 분산시키고 지체 없이 대통령직에서 물러났다. 이승만과는 전혀 다른 모습이었다.

초대 국무령에는 서간도에서 독립운동을 지도해 온 이상룡(1858~1932)

대한민국 임시정부에서 발행한 신문
≪독립(獨立)≫(이후 ≪독립신문≫으로
바뀜) 창간호(1919년 8월 21일 자).

이 선출되었다. 하지만 상하이 지역 독립운동가들과 갈등을 빚어 이듬
해 2월 하야하고, 이어서 양기탁(1871~1938)에서 홍진(1877~1946)으로 국
무령이 계속 교체되는 등 임정의 혼란스러운 모습은 계속되었다.

　박은식은 국무총리에서 물러난 뒤에도 ≪독립신문≫의 지면을 통해
동지들에게 간절히 호소했다. "우리 국민이 기대하는 정부 제공에게"
등의 논설에서 보인 대로 화합과 단결을 촉구했다. 그러나 분열상은 쉽
게 아물지 않았다. 임시정부가 이렇게 혼돈상태에 빠진 데는 몇 가지 배
경이 있었다.

　먼저, 3·1 혁명 후 국내에서 보내오던 독립자금이 일제의 탄압으로

차단되고, 애국 청년들의 참여도 길이 막혔다. 미주 동포들의 독립헌금은 이승만의 개인 용도로 사용되면서 임시정부는 극도의 재정난에 시달려야 했다. 임시정부 청사 임대료와 중국인 직원 급료를 제때에 주지 못한 일도 있었다.

또한 러시아의 1917년 10월 혁명으로 독립운동 진영에도 사회주의 이데올로기가 작용했다. 독립운동가 중에는 사회주의 신봉자들이 일정한 세력을 형성하면서 임시정부에서 주도권 경쟁이 벌어졌다. 여기에다 이승만의 전횡과 분열책으로 임시정부 요인들 사이에는 갈등과 반목이 조성되었다.

박은식은 임시정부 대통령을 사임할 무렵부터 인후증(咽喉症)이 악화되고 차츰 기관지염을 앓았다. 병약한 체질인 데다 긴 망명기간의 고초가 겹치고, 동지들 간의 분열상 등이 더욱 건강을 상하게 했던 것 같다.

박은식은 병이 더욱 악화되는 와중에도 나라의 일을 걱정하면서 1925년 11월 1일, 안중근 의사의 동생 안공근을 불러 '유촉(遺囑)'을 남겼다. 유언이었다.

유촉

나의 병세가 금일에 이르러서는 심상치 않게 감각되오. 만일 내가 살아난다면이어니와 그렇지 못하다면 우리 동포에게 나의 몇 마디 말을 전하여 주오.

첫째, 독립운동을 하려면 전 민족적으로 통일이 되어야 하고,

둘째, 독립운동을 최고 운동으로 하여 독립운동을 위하여는 어떠한 수단 방략이라도 쓸 수 있는 것이고,

셋째, 독립운동은 우리 민족 전체에 관한 공공사업이니 운동 동지 간에는 애증·친소의 별(別)이 없어야 된다.

우리가 이 귀중한 독립운동을 완성시키려면 무엇보다도 첫째 전 민족의 통일을 요구하여야 되겠소.

1. 전족 통일이라 함은 말로 주장하기는 쉬우나 실행하기는 물론 극난한 일이오. 그러나 제일 먼저 주의할 것은 적어도 우리 광복 사업에 헌신하려고 자처한 건전분자들은 지중한 독립운동을 목표 세운 이상에는 환경의 어떠함을 물론하고 다 한데 뭉쳐야 되겠소. 물론 어떤 나라에나 각 당파의 분별이 없을 수는 없으나, 적어도 일을 보는 민족들은 사당(私黨) 혹은 붕당(朋黨)을 짓지 않음이 사실이니, 여하튼 우리도 이 점에 크게 주의하여 장래 국가대업에 악영향을 끼치지 말아야 되겠소.

2. 독립운동은 우리의 제일 중대한 사업인즉 이를 완성코자 함에는 하등의 수단이나 방법을 가리지 못하게 됨이 사실이오.

바로 말하자면 즉 우리 민족의 체면이나 장래의 행복을 방해할 만한 위험성을 가진 일이 아니면 무엇이나 광복 사업에 대하여 털 하나라도 이익 있게 보이는 일은 다 실행하도록 주의하여야만 되겠소.

이같이 말함은 다른 뜻이 아니라, 즉 우리가 장래 우리 민족을 위하여 무슨 일을 하든지 제일 먼저 기초되는 독립국가라는 것이 있어야 되겠소.

3. 독립운동의 성패는 우리 민족 전체의 사활 문제이니, 이미 말한 바와 같이 이 일에 성공코자 하면 우리가 통일적 행동을 하여야 되겠으며, 단결되어 일하려면 독립운동이라 하는 전 민족을 살리려는 대사업에 목표를 두고 이 일을 진행함에 사개인(私個人) 사이에 교분 혹은 감정 관계의 어떠함을 일절 돌아보지 말아야 되겠소.

나의 말한 것 몇 가지 일이 실행키에 어렵지 않음은 아니나 하려면 아니 될 것은 없고 잘 될 터이오.

이는 다른 말 아니라 우리가 금일까지 무엇이 아니 되니 무엇이 어찌하여 아니 되니 함은 통(統)히 우리가 일을 할 때에 성의를 다하지 못한 까닭이오. 아니 될 수야 어찌 있소.

대한민국 7년 11월 1일 필기 안공근

박은식은 이렇게 동지들이 상호협력하여 임시정부를 이끌어 달라고 호소하는 '유촉'을 남긴 뒤, 그날 오후 8시경 상하이의 한 병원에서 꿈에도 그리던 조국 광복을 보지 못한 채 67살을 일기로 서거했다. 임시정부는 고인이 국가와 민족에 끼친 공훈을 추도하여 임시정부 수립 후 최초로 국장으로 장례를 치르고, 상하이 정안사로(靜安寺路) 공동묘지에 안장했다. 박은식의 서거 소식은 임시정부 기관지 ≪독립신문≫의 특집을 비롯하여 국내 신문과 중국의 여러 신문에서 크게 실었다.

임시정부는 그의 항일투쟁의 기록을 모아 전기를 편찬하기 위해 전기 편찬위원회를 구성했으나 이후 어떻게 되었는지 남은 기록이 없다.

6

한인애국단의 의열투쟁

1. 일왕 마차에 폭탄 던진 이봉창

임시정부의 비밀조직으로 김구가 책임을 맡은 한인애국단의 단원 이봉창(1901~1932)은 1932년 1월 8일 오전 11시 44분경, 일왕 히로히토가 만주국 괴뢰황제 푸이와 도쿄 요요기 연병장에서 관병식을 거행하고 경시청 앞을 지날 때 수류탄을 던졌다.

이봉창은 일왕이 두 번째 마차에 탔을 것으로 짐작하고 폭탄을 던졌으나 일왕은 폭사하지 않았다. 수류탄의 성능이 별로 좋지 않았던 것이다. 국치 22년 만에 한국 병탄의 수괴인 일왕을 적의 수도 왕궁 근처에서 폭살하고자 한 대담한 의거는 비록 실패했으나 한민족으로서는 대단한 쾌거가 아닐 수 없었다.

일제강점기에 국내는 물론 만주, 중국, 러시아에서 각종 의열투쟁이 전개되어 빛나는 전공을 많이 세웠으나, 적도 한복판에서 일왕에게 폭탄을 던진 것은 이봉창이 처음이자 마지막이었다. 이보다 10여 년 전인 1923년, 박열(1902~1974)이 일왕 부자를 폭살시키려는 거사를 일본에서 시도하려 했지만 준비하다가 검거되는 바람에 미수에 그치고 말았다.

이봉창.

박열이 실패한 일을 이봉창이 성공할 수 있었으나 아쉽게도 이봉창의 의거도 실패로 돌아갔다.

이봉창은 일제 법정에서 사형선고를 받고 순국했다. 그의 의거는 비록 적중하지는 못했으나 그 파장은 만만치 않았다. 일제의 식민통치는 더욱 악랄해졌고, 이봉창 의거를 '불행부중(不幸不中)', 즉 "불행히 적중시키지 못했다"고 보도한 중국 신문의 보도 내용을 트집 잡아 일제가 상하이를 침공했다. 일제는 또한 이봉창과 같은 한인애국단원인 윤봉길에 의해 일왕 생일 및 상하이 전승 축하 기념식장에서 폭탄 세례를 받아야 했다.

이봉창은 1901년 8월 10일 서울 용산구 원효로에서 태어나 천도교에서 세운 문창학교에 입학하여 4년 과정을 수료했다. 그러나 집이 가난해 진학을 포기하고 일본인이 경영하는 과자점 점원이 되었다. 이후 용산역의 용인으로 채용되어 역부 노릇을 하다가 1925년 일본 오사카로 건너갔다.

오사카에서 막노동을 하며 살아갔지만 궁핍하기는 매한가지였다. 제대로 먹지 못해 각기병에 걸려도 치료를 받고 다시 노동으로 생계를 유지해야 했다. 1928년 11월 교토에서 있었던 일왕 히로히토의 즉위식을 구경 갔다가 일경에 끌려가 유치장에서 고초를 겪기도 했다.

이봉창은 철공소 직원으로 근무할 때 그 성실성에 감동한 주인의 양자로 들어가 이름을 기노시타(木下昌藏)로 바꾼 뒤 도쿄 등지를 다니면서 노동으로 생계를 꾸렸다. 이어서 일본인 비누공장 점원, 해산물 도매상, 요리점 종업원 등을 전전하다가 29살 때인 1930년 12월에 일본 선박을 타고 상하이로 망명했다.

조선인이 차별받고 착취당하는 것은 일제에 주권을 빼앗겼기 때문이라고 생각하고 독립운동을 하고자 마음먹었다. 그래서 신문에서 보았던 대한민국 임시정부가 있다는 상하이로 가게 된다.

이봉창은 뒷날 재판을 받으면서 상하이로 가게 된 이유를 다음과 같이 밝혔다. "나는 2년 정도 일본인으로 변신하여 살아 보면서 고통을 겪었기 때문에 이제부터는 내 본명인 이봉창으로 살기로 하고 차별이나 압박을 받아도 관계가 없는 조선인으로서 생활하기로 마음먹고 있던 때이기도 하여 곧 결심하고 상해(상하이)로 갔다."

이봉창은 1931년 1월, 상하이 프랑스 조계에서 임시정부와 함께 있는 대한교민단 사무실을 찾아갔다. 영국인이 경영하는 전차회사에 취직하여 임금을 받으면 임시정부를 돕겠다고 생각했다. 민단의 관계자들은 아무런 소개장도 없이 일본인 행색을 하고 불쑥 나타나 일본어가 반은 섞인 한국말로 떠드는 수상한 청년을 의심하지 않을 수 없었다. 밀정들이 끊이지 않았던 시절이어서 더욱 의심하게 되었다.

이봉창은 다음 날 다시 찾아가 자신의 포부를 거듭 밝혔다. 이를 옆방에서 듣고 있던 임시정부 경무국장 김구가 자기 방으로 불러 대화를 나누었다. 그리고 불타는 애국심과 비범함을 알아보았다.

당시 임시정부는 일제가 일으킨 만보산 사건과 만주침략 등으로 악화한 한·중 양 민족 간의 감정을 풀고 항일독립운동의 새로운 활로를 찾기 위해서 한인애국단을 결성하기로 하고 그 책임을 김구에게 맡겼다.

한인애국단은 단장 김구를 비롯해 핵심단원은 안공근, 김동우, 김해산, 엄항섭, 김홍일, 안경근, 손창도, 김의한, 백정기, 김현구, 송두환, 주염, 양동호, 이덕주, 유진만, 윤봉길, 유상근, 최홍식, 이수봉, 이성원, 이성발, 왕종호, 이국현, 노태영, 김긍호, 김철 등이었다. 이봉창도 한인애국단에 입단했다.

이봉창은 김구와 몇 차례 만난 자리에서 자기가 교토에서 일왕 즉위식을 구경한 이야기를 하면서 폭탄만 있으면 일왕이 지나갈 때 던져서 죽이겠다고 결의를 밝혔다. 김구는 이봉창의 구상을 믿고 이봉창을 한인애국단에 가입시켰다. 이봉창은 일본인 행세를 하면서 준비를 서둘렀다.

김구는 중국군으로 복무하면서 상하이 병공창 병기주임의 직책을 맡고 있는 한국인 김홍일에게 이봉창이 갖고 갈 폭탄을 만들라고 부탁했다. 얼마 뒤 김홍일은 휴대하기 간편하고 안전하며 또 멀리 던질 수 있는 수류탄 2개를 만들었다.

당시 임시정부는 극심한 재정난에 시달리고 있었다. 청사 임대료는 물론 중국인 통역관 월급도 제때에 지불하지 못하는 형편이었다. 이 난국을 헤쳐 나가고자 김구는 미국 교포들에게 편지를 써 보냈는데 마침 하와이국민회 등에서 기금을 보내왔다.

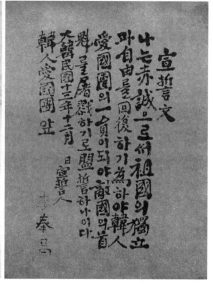

태극기 앞에 선 이봉창과 그의 선서문.

　김구는 이봉창에게 중국 지폐로 300위안을 주며 일본으로 갈 여비와 준비에 필요한 것들을 사도록 했다. 몇 달 치 임시정부 운영자금과 맞먹는 돈이었다. 1931년 12월 13일, 이봉창은 태극기를 배경으로 두 손에 폭탄을 들고 기념사진을 찍었다. 그리고 김구 앞에서 선서문을 낭독했다.

선서문

　나는 적성(赤誠)으로써 조국의 독립과 자유를 회복하기 위하여 한인애국단의 일원이 되어 적국의 수괴를 도륙하기로 맹세하나이다.

　대한민국 13년 12월 13일 선서인 이봉창

　한인애국단 앞

상하이에서 일본으로 가는 길은 검문검속이 심했다. 일본어가 유창한 이봉창은 일본인으로 위장해 검문검속을 피할 수 있었다. 여러 날이 걸렸지만 이봉창은 무사히 도쿄에 도착했다. 그런데 뜻하지 않은 문제가 생겼다. 선박비와 여관비 등으로 돈이 다 떨어졌던 것이다. 이봉창은 김구에게 긴급히 전보를 쳤다. 100원이 더 필요하니 송금해 달라는 내용이었다. 다행히 며칠 뒤 임시정부에서 돈을 보내왔다. 이봉창은 여관을 이리저리 옮겨 다니면서 기회를 노렸다.

운명의 날인 1932년 1월 8일, 이봉창은 히로히토가 탄 마차를 향해 힘껏 폭탄을 던졌다. 그러나 폭탄은 마차에 맞지 않았고, 이봉창은 경찰에 체포되었다. 이봉창은 현장에서 경찰이 다른 남자를 체포하는 것을 보고 큰 소리로 자신이 수류탄을 던졌다고 외치며, 자진해서 일본 경찰에 피체되었다. 뒷날 재판에서 한국 독립운동가로서 당당하게 "이런 일(독립운동)을 하면서 죄 없는 사람에게 죄를 뒤집어씌우는 것은 옳지 않다"고 밝혔다.

일본 메이지(明治) 헌법 제1조에는 "대일본제국은 만세일계의 천황이 통치한다"고 되어 있고, 제3조에는 "천황은 신성으로 침범할 수 없다"고 명시했다. 따라서 일왕(과 그 일족)을 위해하는 일은 대역죄, 즉 국사범으로 몰아 처형했다. 당시 일본에서는 일반 형사범죄가 3심제도인 데 비해 대역죄는 대심원의 단심으로 형을 확정했다.

이봉창은 도쿄 풍다마형무소에 수감되어 재판을 받았다. 9월 16일, 대심원 제2특별 형사부 법정에서 재판이 열렸고, 9월 30일에 사형이 선고되었다. 재판장이 사형을 선고하는 순간에도 이봉창은 미동도 하지 않았고 표정에는 아무런 변화도 없었다.

재판을 받으러 들어가는 이봉창(가운데 용수 쓴 사람).

　일제는 사형선고를 받은 이봉창을 10월 10일 이치가와(市谷)형무소로 이감했다. 그리고 그날 오전 9시에 교수형이 집행되었다. 이봉창은 32살의 젊은 나이에, 짧은 삶을 조국 광복에 바치고 순국했다. 유해는 도쿄 서북쪽 기옥현 포화형무소 묘지에 묻혔다가 해방 뒤 환국한 김구가 유해를 수습해 와 효창원 3열사 묘역에 안장했다.

　이봉창 의사가 김구에게서 일왕 폭살의거 자금을 받을 때의 일화를 들어보자.

　“제가 선생께서 폐파의(弊破衣, 낡고 초라한 중국 옷) 대중에서 다액의 금전을 꺼내어 주시는 것을 받아 가지고 갈 때에 눈물이 나더이다. 왜 그런고 하니 제가 일전에 민단 사무실에 가 본즉 직원들이 밥을 굶는 모양이기로 제가 돈을 내어 국수를 사다가 같이 먹은 일이 있는데 전야(前夜)… 작별하시며 생각도 못 한 돈뭉치를 주시니 법조계(프랑스 조계)에 한 발자국도 못 나가는 선생이 내가 이 돈을 가지고 가서 내대로 쓰면 선생이 돈을 찾으러 못 오실 터이지요. 과연 그럴듯한 영웅의 도량이로다. 나의 일생에 이런 신임을 받은 것은 선생께 처음이요 막음입니다."(홍인근, 『이봉창 평전』, 나남, 2002)

2. 윤봉길, 상하이에서 일본 수뇌 폭살

1932년 4월 29일, 상하이 홍커우공원(현 뤼순공원)에서 열린 일제의 천장절(일본 왕이 태어난 날을 기념하는 날) 겸 전승 축하 기념식장에서 폭탄이 터져 축제의 장은 아수라장으로 돌변했다. 이날 행사에 참석한 시라카와 대장 등 일본 고위 장성 여럿이 죽거나 부상을 당했다.

일본의 간담을 서늘하게 한 홍커우공원 의거의 주인공은 25살의 대한민국 청년 윤봉길(1908~1932)이다. 이 사건은 독립운동가들은 물론 국민에게 커다란 용기와 희망을 주었다. 특히 윤봉길의 의거는 중국 정부가 대한민국 임시정부와 한국의 독립운동가들을 지원하는 계기가 되었다. 장제스 총통이 "5억 중국 인민이 하지 못한 일을 조선 청년이 해냈다"고 칭송할 정도였다.

윤봉길의 의거가 없었다면 중국 내의 우리 임시정부와 독립운동 단체들이 제대로 활동하기 어려웠을 것이다. 그런 의미에서 윤봉길은 자신의 몸을 던져 우리나라의 독립운동을 이끈 선구자이다.

윤봉길은 1908년 6월 21일 충청남도 예산군에서 태어났다. 6살 때부터 한문을 배우고, 11살이 되자 덕산공립보통학교에 입학했다. 그 이듬해 서울에서 3·1 혁명이 일어나고 만세시위가 지방으로도 번지자 일제의 야만적인 탄압이 자행되었다. 비록 어린 나이였지만 윤봉길은 식민지 교육을 받지 않겠다며 학교 문을 박차고 나와 자진 퇴학했다. 어릴 때부터 대단히 심지가 굳고 용기가 있었다.

집안 어른들의 설득으로 윤봉길은 1년여 뒤에 다시 서당에 다니며 한학을 공부했다. 1921년 봄에는 마을에서 4킬로미터쯤 떨어진 서치의숙(학당)에 들어가 5년 동안 다양한 학문을 접하게 된다.

윤봉길은 19살 때부터 농민계몽운동을 시작했다. 그해 가을, 자기 집 사랑채에 야학당을 차리고 까막눈이던 마을 주민들에게 글을 가르쳤다. 또한 남녀노소를 가리지 않고 갑·을 두 반으로 나누어 한글과 역사·산술, 과학·농업 지식 등을 가르쳤다. 독서회를 열어 많은 사람이 책을 읽도록 하고, 이웃 마을을 순회하면서 월례 강연회도 열었다. 경찰의 감시 속에서도 독서회와 강연회 활동은 꾸준히 이어졌다. 20살 때에는 야학 교재로 『농민독본』을 직접 썼다.

윤봉길이 국내에서 농촌계몽운동을 접고 망명길에 오른 것은 1930년 3월, 그의 나이 23살 때이다. 길을 떠나면서 "대장부가 집을 떠나서 뜻을 이루지 못하면 결코 돌아오지 않겠다"는 글을 남겼다. 윤봉길은 평안도 선천에서 일본 경찰에 붙잡혀 한 달가량 감옥에 갇혔다가 풀려나기도 했다. 그러나 뜻을 굽히지 않고 국경을 넘었다. 만주 일대를 헤매다가 다롄을 거쳐 칭다오에 머물면서, 이듬해 상반기까지 우리 동포가 경영하는 세탁소의 경리로 일하면서 중국의 정세를 살폈다.

1931년 5월 8일, 윤봉길은 상하이에 도착한다. 도착 즉시 안중근의 동생 안공근을 찾아 그의 집 3층에 숙소를 정하고, 생계를 위해서 동포가 경영하는 회사에 취직하면서 '한인공우 친목회'를 조직했다. 노동쟁의를 도모하고 일제의 정보를 얻기 위해서였다.

1932년, 상하이에 도착한 이래 틈틈이 도시의 거리를 익히고 각종 정보를 취득해 온 윤봉길은 드디어 임시정부 국무위원 겸 상하이 지역 한인 교민단장인 김구를 찾아가 자신의 의지를 알렸다.

김구는 윤봉길을 만나 그의 인품과 애국심을 알아보고, "노소의 차이가 있을 뿐 민족혁명 대업을 위한 다시없는 큰 동지를 얻었다"며 그를 한인애국단에 가입시켰다. 김구는 한인애국단을 창설해 결사대원을 모집하고 있었다. 윤봉길이 가입하기 전인 1월 8일에 일왕에게 폭탄을 던져 일제를 공포에 떨게 한 이봉창도 한인애국단원이었다. 이봉창의 의거 소식을 들은 윤봉길은 더욱 의기충천했다. 김구가 별도로 한인애국단을 창설한 것은 외적을 상대로 하는 의열투쟁이 자칫 임시정부의 위상에 타격을 입히지 않을까 우려해서였다.

윤봉길은 2월 말에서 3월 초 사이에 중국군 제19로군 정보국장 겸 병공창 주임인 한국 독립운동가 김홍일의 주선으로 일본군 병기창 폭파계획에 참여했다.

중국 신문에 일왕 히로히토의 생일과 일본군의 상하이 점령 승리를 축하하는 기념행사가 홍커우공원에서 열린다는 기사가 실렸다. 윤봉길은 하늘이 준 기회로 생각하면서, 다시 임시정부로 김구를 찾아가 거사 계획을 밝혔다. 김구는 비밀 작전참모 격인 김홍일에게 물통과 도시락

김구(왼쪽)와 윤봉길.

모양의 성능 좋은 폭탄을 만들라고 지시했다. 일제가 행사장에 참석하는 모든 일본인에게 반드시 물통과 도시락을 갖고 오라고 했기 때문이다. 도쿄에서 이봉창이 일왕이 탄 마차에 던진 폭탄의 성능이 좋지 않았던 탓에 일왕을 죽이지 못한 것이 분하고 억울했던 김구와 김홍일은 상하이 중국군 비밀 공병창에서 성능이 뛰어난 폭탄을 만들어 성능실험까지 마쳤다.

4월 26일, 윤봉길은 김구와 만나 세밀한 거사 계획을 세웠다. 그리고 김구의 비밀 아지트인 상하이 거류민단 사무실에서 한인애국단 입단 선서식을 치렀다. 윤봉길은 태극기 앞에서 폭탄과 권총을 들고 다음과 같이 선서했다.

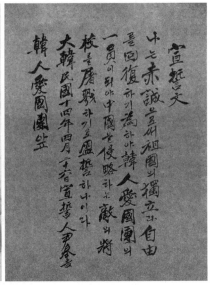

태극기 앞에서 선서문을 가슴에 달고 폭탄과 권총을 들고 서 있는 윤봉길(왼쪽)과 그의 선서문.

선서문

나는 적성(赤誠)으로써 조국의 독립과 자유를 회복하기 위하여 한인애국 단의 일원이 되어 적국의 수괴를 도륙하기로 맹세하나이다.

대한민국 14년 4월 26일 선서인 윤봉길

한인애국단 앞

선서를 마친 윤봉길은 다음 날 태연한 모습으로 행사장을 돌아보고 와서 짧은 자서전과 「거사가」, 「조국의 청년 제군에게」, 그리고 고국에 있는 두 아들에게 보내는 유서를 썼다.

조국의 청년 제군에게

피끓는 청년 제군들은 아는가

무궁화 삼천리 우리 강산에

왜놈이 왜 와서 왜걸대나

피 끓는 청년 제군들은 모르는가

되놈 되와서 되가는데

왜놈은 와서 왜 아니가나

피끓는 청년 제군들은 잠자는가

동천에 서색은 점점 밝아오는데

조용한 아침이나 광풍이 일어날 듯

피끓는 청년 제군들아 준비하세.

마침내 운명의 날 4월 29일이 밝았다. 윤봉길은 '최후의 만찬'이 아닌 '최후의 아침'을 김구와 함께 먹고, 김구가 차고 있던 낡은 시계와 자신의 새 시계를 바꿔 찼다. 자기의 시계는 이제 더 이상 쓸모가 없다는 이유에서였다.

오전 11시 50분경(한국 시간 12시 40분경), 일본군의 천장절과 전승 축하 행사가 끝나갈 무렵, 윤봉길은 연단 중앙을 향해 폭탄을 힘차게 던졌다. 순간, 폭음이 터지고 참석한 일본의 요인들이 추풍낙엽처럼 거꾸러졌다. 시라카와 대장, 카와바타 상하이 거류 일본인 민단장은 이때 폭발로 죽고, 노무라와 우에타 중장, 시게미쓰 주상하이 공사, 무라이 상하이 총영사 등은 중상을 입었다. 폭탄이 적중한 것을 확인한 윤봉길이 "조선독

윤봉길 의사가 연단에 폭탄을 던진 직후의 행사장 모습(위)과 윤봉길 의사가 순국하기 직전의
모습(아래).

립만세!"를 외치려는 순간, 일제 군경에게 붙잡혔다.

5월 25일, 상하이 파견 일본군법회의에서 사형을 선고받은 윤봉길은 11월 18일에 삼엄한 경비를 받으며 일본으로 호송되었다. 그리고 12월 19일 오전 7시 40분, 가나자와 교외 미고우시 공병 작업장에서 일본군의 총살형으로 25살의 젊은 나이에 순국했다.

윤봉길 의사의 유해는 해방 뒤 김구의 지시를 받은 박열, 이강훈이 주선해 1946년 6월 30일에 고국으로 돌아와 용산의 효창공원 3의사 묘역에 안장되었다. 짧은 생애지만 보통사람의 100년보다 훨씬 값진 삶이었다. 윤봉길 의사의 의거는 우리 독립운동의 새로운 전기가 되었다.

3. 김구, 주석에 취임, 그리고 김원봉과 합작

임시정부는 1932년 윤봉길 의거 후 일제의 추적을 피해 여러 지역을 전전하다가 치장에 자리 잡았다. 이곳에서 국민당 간부와 당원회의를 소집하고, 독립운동 진영의 통일을 논의했다.

이어서 치장에서 7당 통일회의를 열었다. 한국국민당·한국독립당·조선혁명당의 광복진선 소속의 원동지역 3당과, 조선민족혁명당·조선민족해방동맹·조선민족전위동맹·조선혁명자연맹 등 민족전선연맹 소속의 간부회의였다.

1939년 8월 27일에 개최된 7당 통일회의는 7당의 대표 2명씩 14명의 대표가 참석하여 개최되었다. '치장 한국독립운동 7당 통일회의'는 해방·전위 양 동맹이 소속 단체를 해소하지 않는다는 이유로 퇴장하고,

민족혁명당 김원봉이 5당 대표의 신당 조직 협정에 서명한 뒤 갑자기 탈퇴를 선언했다. 이로써 7당 회의는 큰 기대에도 불구하고 파열되었다. 김구는 7당, 5당 통일은 실패했으나 새로 원동지역 3당 통일회의를 열어 한국독립당을 출범시켰다. 이와 함께 하와이 애국단과 하와이 단합회가 해체되고 한국독립당 하와이 지부로 재편되었다. 하와이 지부는 임시정부의 특무공장과 한국광복군 창설에 경제적으로 후원했다.

한국독립당의 집행위원장에는 김구가 선출되었다. 집행위원은 홍진, 조소앙, 조시원, 이청천, 김학규, 유동열, 안훈, 송병조, 조완구, 엄항섭, 김붕준, 양육, 조성환, 박찬익, 차리석, 이복원, 감찰위원장은 이동녕, 감찰위원은 이시영, 공진원, 김의한이 각각 선임되었다.

한국독립당의 출범을 계기로 임시정부는 4월에 헌법을 개정했다. 곧 다가올 미일전쟁에 대비하기 위해서였다. 그전까지의 집단지도체제를 개편하고 국무위원회 주석을 돌아가며 하던 윤회 주석제를 폐지한 대신, 주석에게 주석 외의 대내외에 책임을 지는 권한을 부여하고, 김구를 국무회의 주석으로 선출했다. 미일전쟁에 대비한 체제정비였다.

임시정부의 권력구조를 단일지도체제로 개편한 것이다. 주석의 권한을 강화하여 임시정부를 대표하는 최고 직책과 함께 군사권을 지휘할 수 있는 권한까지 부여했다. 또한 미국 워싱턴에 외교위원부를 설치하고 이승만을 위원장으로 임명했다.

김구는 1919년 임시정부가 수립될 때 44살의 나이로 경무국장에 임명된 이후 20년 동안 임시정부를 지켜오다가 64살의 나이에 임시정부의 최고 책임자인 주석에 추대되었다. 명실상부한 임시정부의 최고 책임을 맡게 된 것이다.

임시정부의 군사권까지 맡게 된 김구는 중국 정부에 한국광복군 창설에 필요한 지원을 요청했다. 중국국민당 중앙당부 군사담당 서은증과 교섭을 벌였으나 쉽게 풀리지 않았다. 김구는 서은증에게 미국행 여행권을 요청했다. "중국의 대일항전이 이와 같이 곤란한 때 도리어 원조를 구함이 심히 미안하고, 미국에 만여 명의 동포들이 나를 오라 하고, 또한 미국은 부국이며 장차 미일 개전을 준비 중이니 대미외교도 개시하고 싶소, 여비도 문제없으니 여행권 수속만 청구하오"라고, 군자금 마련을 위해 미국을 방문할 수 있도록 여권을 요청한 것이다.

김구가 이 무렵에 미국 교포들로부터 미국을 방문해 달라는 초청을 받았는지는 확인되지 않는다. 일종의 계략이었을 수도 있다. 그러면서도 장차 미국과 일본이 전쟁을 하게 될 것으로 내다본 것은 국제정세를 꿰뚫은 혜안이었다.

서은증은 이 같은 김구의 요청에 "선생이 중국에 있으니 중국과 약간의 관계를 맺고 난 뒤, 해외로 나가는 것이 어떻겠느냐"고 설득하여, 김구는 한국광복군 계획서를 중국 정부에 제출하게 되었다.

중국 정부의 협력을 바탕으로 하여 임시정부 국무회의는 군사, 조직, 외교, 선전, 재정 등 6개항의 독립운동 방략을 결정했다.

임시정부 주류의 한국독립당 창당과 김구의 임시정부 주석 취임은 독립운동사에 몇 가지 점에서 중요한 의미가 있다.

1930년대 중반 이래 느슨한 연합상태에 있던 민족주의 세력들이 하나의 통일체로 결집해 민족진영 세력을 통합했고, 한국독립당이 임시정부를 유지·옹호하는 기간세력으로 역할을 하면서, 임시정부의 세력기반이 크게 확대되고 강화된 것이다.

또한 한국독립당이 창당되면서 김구가 이를 기반으로 임시정부를 유지·운영하고 지도적 위상을 갖게 되었다. 이러한 기반 위에서 김구가 3당 통합을 주도하고 민족주의 세력이 통합을 이룬 한국독립당의 중앙집행위원장에 선출되면서, 명실공히 민족진영을 대표하는 최고 지도자의 위상을 갖게 되었다.

김구의 항일 투쟁단체연합의 집념은 남달랐다. 1939년 초에는 충칭의 강 건너 아궁보(鴉宮堡)에 자리 잡고 있는 조선의용대와 조선민족혁명당 본부를 찾아갔다. 김원봉은 마침 본부에 없어서 만나지 못하고 윤기섭, 성주식, 김홍서, 석정, 김두봉, 최석순, 김상덕 등 간부들을 만났다.

이들은 김구를 크게 환대하여 환영회까지 베풀어 주었다. 그 자리에서 모든 항일운동 단체를 통합하여 민족주의 단일당을 만들 것을 제의하여 지지를 받았다.

HP 통신은 3·1 혁명 20주년인 1939년 3월 1일 "조선무정부주의자·공산주의자·국가주의자 및 사회주의자가 합동 조직한 전국연합전선협회 간부와 재중 각 전선(戰線)·대일항전 명사(名士)·이들의 가족·조선 아동 및 국민당원 400여 명이 중국국민당 중경(충칭)시 당부 대강당에 모인 가운데 성대한 기념식을 가지게 되었다"고 보도했다.

민족주의 우파 계열과 좌파 계열은 이념과 노선을 달리하면서도 3·1 혁명 20주년 기념행사를 합동으로 갖는 등 통합에 진척이 있었다. 그러나 미주와 하와이 지역 교포들이 좌우파 연합운동에 찬물을 끼얹고 나왔다.

이들은 김구에게 보낸 편지에서 원칙적으로 통합에 찬성하나 김원봉은 공산주의자인즉, 만일 김구가 그와 일을 같이한다면 관계를 단절하

1941년 3·1절 22주년 기념식
장에서(왼쪽부터 김구, 조소앙, 신
익희, 김원봉).

겠다고 위협했다. 이 같은 내외의 도전에도 김구와 김원봉은 회담을 갖
고 두 사람이 연명한 성명서를 발표했다.

「동지·동포 제군에게 보내는 공개통신」의 요지는 다음과 같다.

지금이야말로 우리는 과거 수십 년간 우리 민족운동사상의 파벌항쟁으
로 인한 참담한 실패의 경험과 목전의 중국 혁명의 최후의 필승을 향하여
매진하고 있는 민족적 총단결의 교훈에서 종래 범한 종종의 오류·착오를

통감하고, 이제 양인은 신성한 조선민족해방의 대업을 완성하기 위해서 장래에 동심·협력할 것을 동지·동포 제군 앞에 고백하는 동시에 목전의 내외 정세 및 현 단계에 있어서 우리들의 정치적 주장을 이하에 진술한다.

1. 일본 제국주의의 통치를 전복하고 조선 민족의 자주독립국가를 건설한다.

2. 봉건 세력 및 일체의 반혁명 세력을 숙청하고 민주공화제를 건설한다.

3. 국내에 있는 일본 제국주의자의 공사 재산 및 매국적 친일파의 일체 재산을 몰수한다.

4. 공업, 운수, 은행 및 기타 산업부문에 있어서 국가적 위기가 있을 때는 각 기업을 국유로 한다.

5. 토지는 농민에게 분배하는 것으로 하고 토지의 일체 매매를 금지한다.

6. 노동시간을 감소하고 노동에 관계하고 있는 각 종업원은 보험을 실시한다.

7. 부녀의 정치·경제·사회상의 권리 및 지위를 남자와 같이 한다.

8. 국민은 언론·출판·집회·결사·신앙의 자유를 향유한다.

9. 국민의 의무교육과 직업교육을 국가의 경비로 실시한다.

10. 자유·평등·상호부조의 원칙에 의거하여 인류의 평화와 행복을 촉진한다.

그러나 두 사람의 연명 성명에도 좌우합작은 당분간 이루어지지 못하고, 우파 진영만의 반쪽 통합을 이루었다. 그러나 좌우 진영을 대표하는 두 사람의 공동성명 채택과 그 내용은 한국독립운동사에서 획기적인 일이었다. 해방 후의 토지문제 등에 있어서는 김구가 김원봉의 이념과 정책을 상당 부분 수용했다. 얼마 후 임시정부 산하에 한국광복군이 창설되고 김원봉이 여기에 참여함으로써 부분적이나마 좌우통합 정부가 수립되었다.

7

독립을 준비하다

第 一 (木曜日) 立 獨 大韓民國 元年 八月 二十一日

獨立

創刊辭

臨時議政院의 開會

行政部職員의 任命

1. 일본에 선전포고하고 건국강령 제정

1937년 7월 7일, 일제의 베이징 부근 루거우차오 도발사건은 중일전쟁의 시발점이 되고, 중국의 양대 진영인 국공합작을 급속히 구체화하는 계기가 되었다. 장제스는 루산회의(7월 17일)에서 "만약 일단 전쟁이 벌어지게 되면, 토지의 남북을 불문하고 노소를 구분할 것 없이 누구든지 국토를 지키고 항전할 책임이 있다"고 호소하고, 일본군이 상하이까지 점령하자 국민당 정부는 항일자위선언을 발표한 데 이어 300여 명의 정치범을 석방하고, 소련과 불가침조약을 체결했다. 이로써 뒤늦게나마 본격적인 항일전의 체제를 갖추었다.

일제의 중국침략전쟁은 거칠 것 없이 강행되었다. 점령지구는 1937년 8월부터 '난구→장자커우→다퉁→바오딩→창저우→바오터우→스좌장→더저우→안양→다이밍→타이위안→난징→상하이'로 이어졌다. 그리고 1938년 말까지 '산서→산둥→허베이→치치하얼→수이위안→쉬저우→우한→광저우'로 전개되었다. 그야말로 '중원'이 일제의 점령지로 떨어졌다.

그러나 일본군의 공격은 주로 점(占)과 선(線)으로만 연결되었다. 그들이 실제로 점령한 것은 대도시와 주요 철도선뿐이었다. 여전히 광대한 대륙은 중국·중공군의 영역에 있었다. 1937년 9월, 팔로군이 핑싱관(평형관) 전투에서 일본군을 격파한 것을 시작으로 1938년 3월 산둥 성 타이얼촹의 승리, 타이항 산 등 곳곳에 항일유격 근거지가 마련되고 민병이 구성되어 일본군의 배후를 공격했다.

임시정부는 1941년 12월 10일, 김구 주석과 조소앙 외무부장 명의로 「대한민국 임시정부 대일선전성명서」를 발표했다. 국치 31년 만에 우리 정부가 일본에 공식 선전포고를 한 것이다. 순 한문으로 쓰인 '선전성명서'는 조소앙이 기초하여 의정원 의원에서 의결을 거친 내용이다. 당시 임시정부의 헌법인 「대한민국 임시약헌」 제2장 10조는 "주외사절의 임면 및 조약의 체결과 선전·강화를 동의함에는 총의원 과반수의 출석과 출석의원 3분의 2 이상의 찬성이 있어야 한다"고 명시되었다.

'선전성명서'는 전문과 5개 항의 성명으로 구성되어 있다. 이를 번역한 것이 『소앙선생문집』에 실려 있다. 이 번역문은 약간 소략하게 처리된 부분이 있고 어투도 고문체여서, 여기서는 안동대 김희곤 교수가 번역한 선전성명서로 그 내용을 소개한다.

대한민국 임시정부 대일선전성명서

우리는 3천만 한인과 정부를 대표하여 중국·영국·미국·캐나다·네덜란드·오스트리아 및 기타 여러 나라가 일본에 대해 선전을 선포한 것이 일본을 격패시키고 동아시아를 재건하는 가장 유효한 수단이 되므로 이를 축하하면서, 특히 다음과 같이 성명한다.

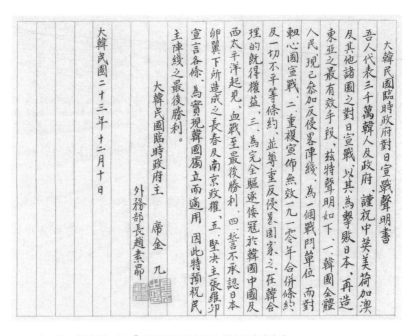

大韓民國臨時政府對日宣戰聲明書

吾人代表三千萬韓人及政府、謹祝中英美荷加澳及其他諸國之對日宣戰、以其為擊敗日本、再造東亞之最有效手段、茲特聲明如下。一、韓國全體人民現已參加反侵畧陣綫、為一個戰鬥單位而對軸心國宣戰。二、重複宣佈無效一九一〇年合併條約及一切不平等條約、並尊重反侵畧國家之在韓合理的既得權益、三、為完全驅逐倭寇於韓國中國及西太平洋起見、血戰至最後勝利。四、誓不承認日本卵翼下所造成之長春及南京政權。五、堅决主張羅印宣言各條、為實現韓國獨立而適用。因此特預祝民主陣綫之最後勝利。

大韓民國臨時政府主席　金　九（印）

外務部長趙素昂（印）

大韓民國二十三年十二月十日

1941년 12월 10일에 발표한 「대한민국 임시정부 대일선전성명서」.

1. 한국의 전체 인민은 현재 이미 반침략 전선에 참가해 오고 있으며, 이제 하나의 전투단위로서 축심국(軸心國)에 전쟁을 선언한다.

2. 1910년의 합방조약과 일체의 불평등조약이 무효이며, 아울러 반침략 국가가 한국에서 합리적으로 얻은 기득권익이 존중될 것임을 선포한다.

3. 한국과 중국 및 서태평양에서 왜구를 완전히 구축하기 위하여 최후의 승리를 거둘 때까지 항전한다.

4. 일본 세력 아래 조성된 창춘(長春)과 난징(南京) 정권을 절대로 승인하지 않는다.

5. 루스벨트·처칠 선언의 각 항이 한국독립을 실현하는 데 적용되기를 견결히 주장하며 특히 민주진영의 최후승리를 미리 축원한다.

대한민국 임시정부 주석 김구

외교부장 조소앙

대한민국 23년 12월 10일

일제에 선전포고를 한 임시정부는 외교활동의 영역을 나누었다. 중국 국민당 정부와 교섭은 김구와 조소앙이 나서서 활동하고, 미국과 교섭은 워싱턴에 외교위원부를 설치해 그곳에서 하도록 했다. 그리고 중국 공산당과는 충칭 주재 판사처에 머물고 있는 대표들을 통해 접촉하는 방안을 택했다.

임시정부는 1941년 11월 28일, 임시정부 국무위원회 명의로 발표한 「대한민국 건국강령」(건국강령)을 채택했다. 건국강령은 조소앙이 기초한 것이지만, 형식을 임시정부가 광복 후의 민족국가 건설계획으로 제정·발표한 것이다. 당시 조소앙은 외무부장 겸 선전위원회 주임위원이었다. 임시정부 기관지 ≪대한민국 임시정부 공보(大韓民國臨時政府 公報)≫ 제72호(1941. 12. 8)에 「대한민국 건국강령」 전문이 게재되었다.

임시정부가 건국강령을 제정한 시점은 일제가 하와이 진주만을 기습 공격하기 40일 전이다. 임시정부는 미일전쟁을 내다보고, 그리고 일제의 패망을 예측하면서 조소앙에게 건국강령의 기초를 맡긴 것이다. 머지않아 맞이할 해방을 앞두고 임시정부는 새 나라를 어떻게 세울 것인지를 구상하면서, 이 분야에서 전문성을 인정받아 온 조소앙에게 역사

「대한민국 건국강령」 전문과 「광복군 서약문」 등이 실린 ≪대한민국 임시정부 공보≫ 제 72호.

적인 건국강령을 위촉했다.

세계 식민지 역사상 해방 후 국가 건설과 관련하여 체계 있는 방략을 갖춘 민족은 그 사례를 찾기 쉽지 않다. 대한민국 임시정부는 1931년 4월에 이미 「대한민국 임시정부 선언」을 통해 조소앙의 삼균주의에 기반하는, 광복 후 건설할 민족국가의 대강(大綱)을 마련했다.

이렇게 시작된 삼균주의 원칙의 건국방략은 1930년 1월에 창당한 한국독립당의 당의·당강이 되고, 1935년 11월에 김구의 주도하에 결성한 한국국민당, 1940년 5월에 재건한국독립당, 한국국민당과 조선혁명당이 통합하여 결성한 한국독립당이 그대로 받아들였다. 그런가 하면 좌익 진영의 주요 정당들도 삼균주의를 정치이념으로 채택했다. 1935년 7월에 의열단, 한국독립당, 조선혁명당, 신한독립당, 대한독립당 등 5개 정당이 통합해 결성한 민족혁명당이 이를 수용하면서 1930년대 중국 관내에서 활동하던 좌우익 주요 정당들이 삼균주의를 정치이념으로 받아들였다.

좌우익 정당들이 극심한 이데올로기 대립상을 보이면서도 정치이념과 해방 후 새 국가 건설의 건국방략으로 삼균주의를 기본골격으로 삼은 것은 매우 특이한 현상이었다. 삼균주의 사상이 그만큼 독립운동가(정당·단체)들의 공통적인 이념과 정책을 갖추고 있었던 것이다.

건국강령은 제1장 총강(總綱), 제2장 복국(復國) 10개 항, 제3장 건국 7개 항 등 모두 3장 24개 항으로 구성되었다. 총강은 민족의 과거 내력을 통해 앞으로 나아갈 방향을 제시하고, 제2항에서 새 국가 운영 원리로서 홍익인간의 구체적인 건국정신의 방안으로 권력·부력·지력의 삼균을 제시했다. 민족국가를 건설하기까지의 단계설정과 그 과정에서 추진할 임무·절차를 규정했다. 총강에서 한국은 반만년 이어 민족국가를 유지해 온 고정적인 집단이라는 고유주권설을 거듭 주장한다.

제1장 총강은 모두 7개 항으로 구성되었는데, 제3항에서 전통시대의 토지공유제를 중시하여 토지의 국유화를 선언한다. 조선 역사에서 토지가 사유화일 때는 패망하거나 국난에 처하고, 국유화일 때에는 부강했다는 사실을 적시한다.

제4항에서 독립운동의 민족적 책임을 강조하고, 제5항에서 3·1 혁명과 대한민국 임시정부 수립으로서 혁명적인 민주제도가 확립되었음을 강조하고, 제6항에서 1931년 4월에 삼균제도를 발표한 것은 1919년 임시정부 수립 당시에 이미 천명한 것이라는 점, 제7항에서 삼균은 복국과 건국의 단계를 밟아 실현한다고 밝혔다.

제2장 복국은 모두 10개 항으로 구성되었다. 먼저 복국을 3기로 나누어, 독립을 선포하고, 국호를 일정히 행사하고, 임시정부와 임시의정원을 세우고 임시약법과 기타 법규를 제정하고, 인민의 납세·병역의무를 행하여, 군사력·외교·당무·인심이 서로 융합하여 적에 대한 혈전을 계속하는 과정을 제1기로 삼았다. 제2기에 독립군의 본토 상륙과 국제적 발언권을 확보하고, 3기는 국토를 완전 탈환하여 복국을 완성한다고 제시했다. 복국기의 공무집행은 임시의정원의 선거로 조직된 국무위원회에서 행하며, 국가의 주권은 광복운동자 전체가 대행토록 했다.

복국의 방법으로는 민족의 혁명역량을 총집중하고 장교와 무장대오를 통일 훈련하여 광복군을 편성, 혈전을 강화할 것과 대중적 반항, 국제적 외교 및 선전, 일본과 항쟁하는 우방들과 항일동맹군으로서의 구체적 행동을 제시한다.

제3장의 건국은 모두 7개 항으로 구성되었다. 제1항은 정부 수립을 건국 제1기, 제2항의 건국 제2기는 삼균주의에 의한 민주제도의 실시단계로서 지방자치의 실현, 토지와 대량생산기관의 국유화를 완성하고, 의무교육과 면비 수학 체제를 완성하여 극빈계층까지 생활과 문화수준의 제고가 보장되는 단계로 규정했다.

제3기는 건국에 관한 기초시설 및 건설기구가 예정계획의 절반 이상

성취된 시기로서 건국의 완성기라고 했다. 정치적으로는 어떤 한 계층이나 특권계급에 의한 독재를 철저히 배격하고 국민 전체가 균등을 향유할 수 있도록 한다는 것으로, 국민의 이익을 기초로 하여 정권을 민주적으로 균등화한다고 했다.

이를 위해 인민의 기본권리(노동권·휴식권·피보험권·참정권·남녀평등권 등)와 의무(납세·병역·조국건설보위 등)를 법률로 규정했다. 중앙정부는 헌법에 의하여 조직된 국무회의가 최고 행정기관으로 국무를 집행하며, 행정분담을 위해 내무·외무·군무·법무·재무·교통·실업·교육의 8부로 구성했다.

지방자치는 도(道)·부(府)·군(郡)·도(島)에 각각 정부와 의회를 설치하도록 했다. 경제적으로는 분배의 합리성을 통해 경제균등을 실현하고, 왜적이 약탈했던 관공·사유지를 비롯하여 모든 적산·부일배의 자본 및 부동산 등을 몰수하여 국유로 한다는 것을 제시한다.

또한 토지는 자력자경인(自力自耕人)에게 나누어 주되 토지의 상속·매매·저당 등은 금지했고, 대생산기관은 국유를 원칙으로 하되, 소규모 및 중소기업은 사영도 인정하기로 했다.

특히 교육제도의 기본원칙은 국비 의무교육제도였다. 6~12살까지 초등교육과 12살 이상의 고등교육에 대한 일체 비용은 국가가 부담하고, 학령 초과로 교육을 받지 못한 인민에게는 일률적으로 면비 보습 교육을 시행키로 했다.

지방에는 인구·교통·문화·경제 등의 형편에 따라 교육기관을 시설하되, 최소한 1읍 1면에 5개 소학교와 2개 중학교를, 1군 1도에 전문학교를, 1도에 1개 대학을 설치한다는 것이었다. 교과서는 무료로 나누어 주고, 교과서 편찬은 국영이었다.

2. 광복군 창설로 대일항전을 준비하다

임시정부는 1940년 9월 17일, 정부의 국군으로 한국광복군을 창설했다. 창군 당시는 충칭에 있는 30여 명의 인원으로 우선 총사령부를 구성하고, 이후 병력을 모집하여 부대 규모를 확장해 간다는 계획이었다. 창립 1개년 후 최소한 3개 사단을 편성한다는 전략이었다.

임시정부는 각종 정보를 통해 만주 지역에 120만 명으로 추산되는 한인과, 특히 1940년을 전후하여 베이징·톈진·스자좡 등 화베이 지역 일대에만 20만여 명에 이르는 한인들이 사는 것으로 파악했다. 여기에 일본군에 징집되어 중국 각지에 파견된 다수의 한인 병사들이 있었다.

한국광복군 선언문

대한민국 임시정부는 대한민국 원년에 정부가 공포한 군사조직법에 의거하여 중화민국 총통 장개석(장제스) 원수의 특별 허락으로 중화민국 영토 내에서 광복군을 조직하고 대한민국 22년 9월 17일 한국광복군 총사령부를 창설함을 이에 선언한다.

한국광복군은 중화민국 국민과 합작하여 우리 두 나라의 독립을 회복하고자 공동의 적인 일본 제국주의자들을 타도하기 위하여 연합군의 일원으로 참전을 계속한다.

과거 삼십 년간 일본이 우리 조국을 병합통치하는 동안 우리 민족의 확

한국광복군 총사령부 성립 전례식에서 민영주(가운데)가 이청천(맨 왼쪽) 총사령에게 광복군기를 건네는 모습(맨 오른쪽은 김구).

고한 독립정신은 불명예스러운 노예생활에서 벗어나기 위하여 무자비한 압박자에 대한 영웅적 항전을 계속하여 왔다. 영광스러운 중화민국의 항전이 4개년에 도달한 이때 우리는 큰 희망을 가지고 우리 조국의 독립을 위하여 우리의 전투력을 강화할 시기가 왔다고 확신한다. 우리는 중화민국 최고영수 장개석 원수가 한국 민족에 대하여 원대한 정책을 채택함을 기뻐하여 감사의 찬사를 보내는 바이다.

우리들은 한중연합전선에서 우리 스스로 계속 부단한 투쟁을 감행하여 극동 및 아시아 인민 중에서 자유 평등을 쟁취할 것을 약속하는 바이다.

임시정부는 한국광복군을 창군하면서 「한국광복군 공약」과 「한국광복군 서약문」을 제정했다. 광복군은 모두 이 서약문에 서약했다.

한국광복군 공약

제1조 무장적 행동으로써 적의 침탈세력을 박멸하려는 한국 남녀는 그 주의사상의 여하를 막론하고 한국광복군의 군인된 의무와 권리를 유함.

제2조 한국광복군의 군인된 자는 대한민국 건국강령과 한국광복군 지휘정신에 위반되는 주의를 군내외에 선전하고 조직함을 부득함.

제3조 대한민국 건국강령과 한국광복군 지휘정신에 부합되는 당의(黨義)·당강(黨綱)·당책(黨策)을 가진 당은 군내외에 선전하고 조직함을 득함.

한국광복군 서약문

본인은 적성으로써 좌열 직함을 준수하옵고 만일 배제하는 행위가 유하면 군의 엄중한 처분을 감수할 것을 이에 선서하나이다.

一. 조국광복을 위하여 헌신하고 일체를 희생하겠음.

二. 대한민국 건국강령을 절실히 추행(推行)하겠음.

三. 임시정부를 적극 옹호하고 법령을 절대 준수하겠음.

四. 광복군 공약과 기율을 엄수하고 상관명령에 절대복종하겠음.

五. 건국강령과 지도정신에 위배되는 선전이나 정치조직을 군내외에서 행치 않겠음.

3. 광복군 편제와 훈련

한국광복군 창설은 중국 정부의 견제로 한때 어려움을 겪기도 했으나 이를 설득, 극복하면서 중국군의 제도를 참조하여 '한국광복군 총사령부 조직조례'를 제정하고 총사령부에 비서처·참모처·부관처·정훈처·관리처 등 10개의 부서를 두었다.

광복군 창설 당시 총사령관은 이청천, 참모장은 이범석, 총무처장은 최용덕, 참모처장은 채원개, 부관처장은 황학수, 경리처장은 조경환, 정훈처장은 안훈, 편련처장은 송호성, 군의(위생)처장은 유진동이었다.

임시정부는 1940년 11월에 광복군 총사령부를 일본군의 전선 가까운 시안으로 옮기고, 긴급하게 수행해야 할 과제로 지대(支隊)를 편성했다. 근거지와 활동구역은 다음과 같다.

제1지대
지대장: 이준식
간부: 노태준, 안춘생, 노백선, 조인제, 이석화, 김자동, 이건우
근거지: 산둥 성 다이둥

제2지대
지대장: 공진원
간부: 나태섭, 고시복, 이달수, 유해준
근거지: 바오터우
활동구역: 차하얼 성 및 허베이 성

제3지대

지대장: 김학규

간부: 오광선, 신송식, 신규섭, 김광산, 오영희, 이복영

근거지: 안후이 성 푸양

활동구역: 안후이 성, 장쑤 성, 산둥 성 일부

제5지대

지대장: 나월환

간부: 김동수, 박기성, 이하유, 한유한, 이해평, 김부성, 김용주

근거지: 산시(섬서) 성, 시안

활동구역: 산시 성, 허난 성, 뤄양, 정저우

1941년 12월 8일, 일제가 하와이 진주만을 기습공격하면서 미일전쟁이 벌어졌다. 그러자 임시정부는 이틀 뒤인 12월 10일 '대일본(對日本) 선전포고'를 발표하고, 김원봉이 이끌던 조선의용대를 광복군에 편입하는 등 전력을 대폭 강화했다. 임시정부는 광복군 총사령부 직제를 개정해 김원봉을 광복군 부사령 겸 제1지대장에 임명함과 더불어 광복군 종래의 1·2·3·5지대를 모두 통합하여 광복군 제2지대로 개편했다. 지대장에는 이범석이 임명되었다.

광복군은 태평양전쟁의 전세가 연합국 측에 유리하게 전개되면서 대일전을 강화하고자 1942년 5월에 다시 2개 지대로 확대 개편하고, 1945년 6월에는 초모된 병력이 많아지면서 제3지대를 신설했다.

한국광복군 제1지대 대원들(위)과 제2지대 대원들(아래).

제1지대

지대장: 김원봉

총무조장: 이집중

정훈조장: 김인철

제1구대장: 김준

제2구대장: 이소면

제3구대장: 박효삼

제2지대

지대장: 이범석

총무조장: 김용의

정훈조장: 조경한

제1구대장: 안춘생

제2구대장: 노태준

제3구대장: 노복선

제3지대

지대장: 김학규

부지대장: 이복원

구대장: 박영준

제1소대장: 김문택

제2소대장: 송병하

제3소대장: 김재기

4. 카이로선언에 '한국 독립' 확보

태평양전쟁이 일어나고 전세가 급박해지면서 김구와 임시정부 요인들의 활동범위도 크게 확대되었다. 그동안 주미 외교부를 통해 미국 측의 정보를 입수하면서 국제정세를 살펴 온 김구는 미국에 임시정부의 정식 승인과 공식 외교관계 수립 및 군사원조 등을 제의했다.

1941년 8월, 미국 대통령 루스벨트와 영국 수상 처칠이 세계대전 후 처리의 기본원칙을 명시한 「대서양헌장」을 발표하자, 김구는 이를 환영하면서 임시정부에 대한 승인과 군사원조를 거듭 요청했다. 특히 헌장 제3항의 "영·미 양 대륙의 역량을 연합하여 각 민족이 자유로이 그들을 의지하여 생존할 수 있는 정부의 형식을 결정하는 권리를 존중하며 각 민족 중 불행히도 이런 권리를 박탈당한 자가 있으면 양국 정부는 함께 그 원래의 주권과 자주정부를 회복하게 하려 한다"는 내용에 주목하고, 이 헌장을 지지하는 성명을 발표했다.

임시정부는 1942년 2월, 다시 미국 루스벨트 대통령에게 다음 6개 항을 요청했다.

① 대한민국 임시정부를 승인할 것.
② 두 정부 간의 외교관계를 개시할 것.
③ 한국과 중국의 항일군수품을 증가·원조할 것.
④ 군수품·기술자와 경제를 공급할 것.
⑤ 평화회의 개최 시에는 한국 정부 대표를 참가시킬 것.
⑥ 국제영구기구 성립 시에는 한국을 참가시킬 것.

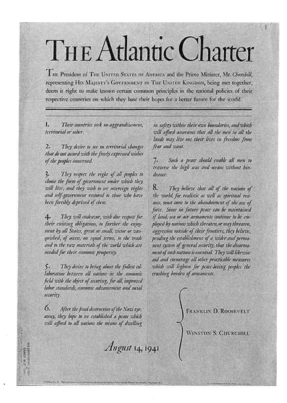

「대서양헌장」.

　이처럼 임시정부는 적극적으로 외교활동을 벌였지만 미국과 영국은
전혀 반응을 보이지 않았다. 미국은 여전히 아시아 지역에 많은 식민지
를 두고 있는 동맹국인 영국의 눈치를 살피고 있었다. 미국도 필리핀을
지배하고 있었다. 임시정부는 중국 정부와의 외교활동에 주력하는 한
편, 1942년 1월에는 「임시정부포고문」을 발표해 전 세계 20여 개국이 일
본에 선전하고 총공격을 개시한 현 시점이 조국 독립의 최후의 기회이
므로 모든 동포들이 임시정부를 중심으로 굳게 뭉쳐 일본이라는 적을

향해 진공하자고 호소했다.

대한민국 임시정부는 1941년 12월 10일, 김구와 외무총장 조소앙의 공동명의로 「대한민국 임시정부 대일선전성명서」를 발표해 일제에 공식적으로 선전포고를 했다. 바로 이틀 전인 12월 8일, 독일과 동맹관계에 있던 일본이 미국의 해군기지인 하와이 진주만을 기습 공격하여 미일전쟁이 일어났다.

긴박하게 전개되는 국제정세에서 대한민국 임시정부는 기회를 놓치지 않았다. 임시정부가 태평양전쟁이 시작되자 즉각 대일 선전포고를 한 것은 우리도 일제와 독립전쟁을 수행한다는 것을 연합국에게 공식적으로 천명한 것이다. 이것은 곧 전후에 연합국의 지위를 획득하기 위한 전략적인 조처이기도 했다.

임시정부의 대일 선전포고는 강력한 군사력이 뒷받침되지 못한 외교적·정치적 행위였지만, 연합국으로부터 한국의 독립을 보장하는 데 결정적으로 도움을 주었다. 임시정부의 대일 선전포고는 1943년 11월 미국, 영국, 중국의 정상들이 전후 문제를 협의하기 위해 모인 카이로회담에서 한국의 독립 문제를 처음으로 제기하는 계기를 만들었다.

임시정부가 전후 열강의 '위임통치'를 막기 위해 다양한 활동을 전개하고 있을 즈음 조소앙은 루스벨트와 장제스의 회담이 추진되고 있다는 정보를 입수했다. 국제공동관리 문제를 저지할 수 있는 절호의 기회를 포착한 것이다. 중국국민당 조직부장으로 한국 담당자인 우티에청을 통해 임시정부 요인들과 장제스의 면담을 추진해 성사되었다.

1943년 7월 26일 오전, 주석 김구, 외무부장 조소앙, 선전부장 김규식, 광복군총사령 이청천, 동 부사령 김원봉 등 임시정부 대표단은 통역 안

원생을 대동하고 중국 정부 군사위원회 2층 접견실에서 장제스와 만났다. 중국 측에서는 국민당 우티에청 조직부장이 자리를 함께했다.

이 회담에서 임시정부 대표단은 조선의 국제공동관리 문제를 저지하고, 곧 열리게 되는 카이로회담에서 한국의 독립 문제를 논의하는 중요한 계기를 마련했다. 일부에서는 카이로선언의 결실이 이승만의 노력이라고 주장하지만, 이는 전혀 역사적 사실과 다르다. 중국 측은 대한민국 임시정부 요인들과 장제스가 만나 나눈 대화를 「총재 접견 한국영수 담화 요지」라는 제목의 기록으로 남겼다. 김구 등 대표단은 한국의 독립을 적극적으로 주장하고, 장제스는 이에 대해 협력하겠다고 얘기했다. 당시 장제스는 중국국민당 총재와 군사위원회 위원장 등의 직함을 갖고 있었다. 그래서 그를 '총재'라 부르는 것이다.

> 총재: 중국 혁명의 최후 목적은 조선과 태국의 완전 독립을 돕는 데 있습니다. 이러한 일을 이루는 데는 매우 어려움이 클 것입니다. 한국 혁명 동지들이 한마음으로 단결하고 노력 분투하여 복국운동을 완성하기를 바랍니다.
>
> 김구·조소앙: 영국과 미국은 조선의 장래 지위에 대해 국제공동관리 방식을 채용하자고 주장하고 있습니다. 바라건대 중국은 이에 현혹하지 말고 한국의 독립 주장을 지지하고 관철하여 주시기 바랍니다.
>
> 총재: 미국 쪽에서는 확실히 그러한 논조를 가지고 있습니다. 앞으로 (이 문제를 가지고) 반드시 쟁집(爭執)이 많을 것입니다. 이러한 때문에 한국 내부의 정성통일(精誠統一)과 공작 표현을 보여 줄 필요가 있습니다. 그래야만 중국도 역쟁(力爭)할 수 있고, 이 일에 착수하기도 쉬울 것입니다.

식민지 조선의 운명을 가늠하는 미·중·영의 정상회담이 1943년 11월 22일부터 26일까지 이집트의 카이로에서 열렸다. 회담에는 루스벨트, 장제스, 처칠 등 세 나라의 정상이 참석하고, 그들의 보좌관들이 자리를 함께했다. 이 회담서 세 나라 정상은 향후 일본과 전쟁을 어떻게 수행할 것인지 등 대일전쟁의 방법론을 폭넓게 논의했다. 한국 문제가 의제로 올라온 것은 23일 저녁이었다.

이날 저녁 7시 반, 장제스는 부인 쑹메이링과 함께 루스벨트 숙소를 찾아가 저녁 만찬을 함께 했다. 이 자리에는 장제스와 쑹메이링, 루스벨트와 그의 보좌관 홉킨스 등 4명이 참석했다. 자리는 밤 11시까지 이어졌다. 이때 장제스가 일본이 패망하면 일본이 차지한 만주와 대만·평후제도는 중국에 귀환되어야 한다는 것을 비롯해서, 전후 한국을 자유독립국으로 할 것을 제안했다.

1. 일본이 차지한 중국의 영토는 중국에 귀환하도록 한다.
2. 태평양상에서 일본이 강점한 도서들은 영구히 박탈한다.
3. 일본이 패망한 후 조선으로 하여금 자유 독립을 획득하도록 한다.

이는 장제스 보좌관인 왕충후이가 작성한 카이로선언 일지에 들어 있는 내용이다. 장제스와 루스벨트의 회담은 원만하게 이루어졌고, 양측이 동의한 내용이라며 기록해 놓은 문건이다.

장제스와 루스벨트가 협의한 내용을 기초로 하여 카이로선언의 초안이 작성되었다. 루스벨트의 지시를 받은 그의 보좌관 홉킨스가 작성한 초안에는 한국 문제가 다음과 같이 되어 있다. "우리는 일본에 의한 반

역적인 한국인의 노예화를 잊지 않으면서 일제 패망이 있은 후 한국은 가능한 한 가장 빠른 순간에 자유 독립시킬 것을 결의했다.”

홉킨스의 초안을 받아 본 루스벨트는 한국 문제와 관련하여 '가능한 한 가장 빠른 순간에(at the possible earliest moment)'라고 되어 있는 것을 '적절한 순간(at the proper moment)'으로 고쳤다. '가능한 한 빠른 순간에'가 '적절한 순간에'로 다소 바뀌게 된 초안이 세 나라 수뇌들의 합의로 채택되었다.

1943년 11월 23일 밤, 루스벨트 대통령과 장제스 총통, 그들의 보좌관인 해리 홉킨스와 왕충후이가 참석한 가운데 카이로선언문이 논의되었다. 이 자리에서 홉킨스가 미국 측 초안을 가지고 와서 논의해 다음 날 오후 늦게 왕충후이와 합의된 초고가 완성되었다.

공식선언문에서 한국 문제에 관한 내용은 홉킨스가 초고에서 '가능한 한 빠른 시기에'라고 쓴 것을 루스벨트가 '적절한 순간에'라고 고쳤는데, 마지막에 처칠이 강력하게 주장해서 '적시에(in due course)'라는 애매한 문구로 다시 바뀌고 말았다.

카이로선언이 나오기까지에는 우여곡절이 많았다. 루스벨트와 처칠은 1941년 8월 「대서양헌장」에서 전후의 민족자결권을 공약했다. 이 선언이 알려지면서 충칭의 임시정부는 연합국의 정식 승인을 얻고자 백방으로 노력했다. 이 노력의 성과로 1942년 4월에는 장제스 정부가 한국임시정부를 승인하자고 미국 국무성에 공식 요청했다. 그러나 미국 국무성은 중국 정부의 이러한 공식 요청을 거부한 것은 물론 오히려 한국임시정부를 승인해서는 안 된다고 중국 정부에 항의하고 나섰다.

미국이 내세운 이유는 크게 두 가지였다. 첫째는 미국과 중국 내에 있

한국광복군의 국내 특파원 임명장(왼쪽)과 배지들(오른쪽).

는 한국인 사회가 주도권 다툼으로 분열되고 충칭 임시정부도 여러 파벌싸움으로 독립쟁취를 위한 통일된 연합전선이 구축되어 있지 못하다는 것이었고, 둘째는 해외 한인단체가 국내 한인들의 전적인 지지를 받고 있다는 보장이 없다는 것이었다. 미국의 이러한 완강한 반대로 중국 정부도 대한민국 임시정부의 공식 승인을 보류하기에 이르렀다.

미국이 임시정부의 승인을 거부한 데는 앞서 지적한 것처럼 한인사회의 분열과 대표성 부재를 이유로 들었지만, 이것은 그들이 내세운 명분일 뿐이었다. 실제로는 영국의 강력한 반대와 전후 극동에서 미국의 군사기지를 확보하려는 책략 때문이었다. 루스벨트가 전시 중에 한국의 40년 신탁통치 안을 제시한 것이나 미국 측이 전후에 분단정부 수립에 그토록 집착했던 것도 한반도의 전략적인 이용 가치를 인식하고 있었기 때문이다. 영국은 당시에 세계의 여러 지역에 갖고 있던 식민지의 해방 운동을 예방하기 위해 대한민국 임시정부의 승인은 물론 카이로선언에 서까지 한국 문제를 삭제하자고 주장했던 것이다.

임시정부가 대일 선전포고를 해서 장제스를 움직이고, 장제스는 주요 한 국제회담에서 한국 독립을 주장했다. 임시정부가 선전포고를 할 수 있었던 것은 광복군이라는 병력이 존재했기 때문이다. 실제로 광복군은 연합군의 일원으로 버마 전선 등지에서 일제와 싸웠고, 임시정부는 연 합국의 일원이 되었다.

5. 최초로 좌우 연합정부 수립

임시정부는 이처럼 미일전쟁이 시작되자 즉각 일본에 선전포고를 했으 나 일본과 싸울 수 있는 전력이 크게 부족했다. 어렵게 창설한 광복군은 중국 측의 '한국광복군 9개 준승'(중국 측이 한국광복군에게 지켜야 할 조건)에 묶여 있었고, 내부적으로는 김원봉 중심의 조선의용대와 양분된 상태였 다.

광복군이 중국 장제스 총통으로부터 조직 허락을 받은 지 1년 6개월 이 지나도록 중국 측과 지휘권 문제와 운영 문제를 해결하지 못한 채 귀 중한 시간만 보내고 있었다.

그러나 긍정적인 조짐도 보였다. 태평양전쟁이 터진 지 이틀 뒤인 12월 10일, 좌파 진영인 조선민족혁명당이 제6차 대표자대회에서 내외 정세의 변화 이유를 들어 임시정부에 참여할 뜻을 밝혔다. 조선민족혁명당은 2차 세계대전이 시작되자 폴란드, 네덜란드, 프랑스 등의 반파시스트 망명정부가 수립되고 연합국이 그들을 원조하는 것을 보고, 한국의 임시정부도 이들 망명정부처럼 승인을 받을 수 있을 것으로 내다보고 내린 결정이었다.

그동안 일관되게 임시정부를 부정해 온 조선민족해방동맹도 정세의 변화로 임시정부의 국제적 위상이 제고되면서 임시정부를 옹호하고 나섰다. 그동안 이념과 노선의 차이로 분열되었던 좌우 독립운동 진영이 임시정부를 중심으로 결속하게 된 것이다.

1942년에 실현된 독립군 진영의 군사통일은 중국 황하 이남의 군사력이 모두 광복군으로 통합되는 계기를 만들었다. 군사통합은 곧 정치통합으로 이어지고, 정치통합은 강력한 대일항전의 전력증강으로 발전해야 했다. 그러나 전시체제의 임시정부에서는 노선갈등과 사소한 문제로 극심한 갈등양상을 빚게 되었다.

임시정부가 내부의 분쟁에 휩싸이면서 정기 의정원 회의가 공전하고 있을 때 11월 27일 '카이로선언'이 발표되었다. 한국의 독립을 국제적으로 보장한다는 최초의, 전후문제에 주도권을 쥐고 있는 중국·미국·영국 세 나라 수뇌의 이 선언이 전해지면서 임시정부는 이를 즉각 환영하는 한편 '적시에'라는 단서에 격앙하면서 의혹을 감추지 못했다.

임시정부 요인들이 격앙하게 된 데는 그럴 만한 까닭이 있었다. 태평양전쟁이 막바지에 접어들면서 세계의 저명한 언론들이, 미국과 영국의 주요 지도자들이 한국의 독립에 대해 국제관리방식을 도입한다는 기사를 잇따라 보도했기 때문이다. 미국의 ≪더 선(The Sun)≫은 런던발 통신으로 영국 외상과 미국 대통령이 한국이 독립하기 전에 잠시 '국제감호(國際監護)'를 하기로 했다고 보도하기도 했다.

이에 대해 임시정부는 외무부장 조소앙을 통해 그 부당성을 공박하는 성명을 발표하는 한편, 김구가 장제스 총통을 직접 만나 전후 한국 문제의 처리에 관해 논의하도록 했다.

1943년 7월 26일, 김구는 조소앙과 선전부장 김규식, 광복군사령관 이청천, 부사령관 김원봉을 대동하고 장제스 총통과 영수회담을 했다.

카이로선언은 그동안 분열과 대립을 거듭해 온 독립운동계에 자극제가 되었다. 공전을 거듭하던 임시정부 의정원 회의가 정파 간에 타협의 분위로 돌아선 것도 정세의 변화에 힘입은 바 컸다.

각 정파는 1944년 4월 21일에 제26차 의정원 회의를 열어 '임시헌장(헌법)'을 개정하여 4월 29일에 이를 통과시켰다. '임시헌장'에서도 주석의 권한을 강화하여 비상시국에 대처하도록 하면서 김구를 주석에 연임시켰다. 행정부는 국무위원회와 행정연락회로 이원화했다.

국무위원회에는 독립운동의 영수들과 각 정당의 대표자들을 안배하여 정책결정의 기능을 하도록 하고, 정책집행과 행정사무는 주석이 임면하는 각 부장들이 맡도록 했다. 정쟁을 완화하기 위해 마련한 타협의 소산이었다.

또 부주석제를 신설하여 외교 분야에 능력을 갖춘 조선민족혁명당 위원장 김규식을 뽑고, 역시 같은 당 핵심인 김원봉을 군무부장에 선임했다. 정파 간의 안배가 크게 작용한 인선이었다. 이때에 선임된 임시정부

첫째 줄 왼쪽부터 김구, 김규식, 이시영, 둘째 줄 왼쪽부터 조성환, 황학수, 조완구, 셋째 줄 왼쪽부터 차리석, 장건상.

첫째 줄 왼쪽부터 박찬익, 조소앙, 김붕준, 둘째 줄 왼쪽부터 성주식, 유림, 김성숙, 셋째 줄 왼쪽부터 김원봉, 조경한.

요인은 다음과 같다.

주석: 김구

부주석: 김규식

국무위원(14명): 이시영, 조성환, 황학수, 조완구, 차리석, 장건상, 박찬익, 조
소앙, 김붕준, 성주식, 유림, 김성숙, 김원봉, 안훈(본명 조경한)

임시정부가 1919년에 수립된 이래 좌우 정파의 지도급 인사들이 망라
해 참여한 것은 이번이 처음이었다. 한국독립당, 조선민족혁명당, 해방
동맹, 아나키스트들까지 참여한 것이다.

좌우합작 정부를 수립한 임시정부는 4월 24일 4대 정당 연명으로 「각
정당 옹호 제36차 회의선언」이라는 제목의 선언문을 발표했다.

친애하는 동지, 동포들!

최근 개막된 우리 한민족 독립운동의 최고권력기관인 임시의정원 제36
차 임시의회는 각 당파 인사가 화합하고 단결하는 분위기에서 임시약헌을
개정하고 정부 주석 및 국무위원을 선출한 다음 원만하게 폐원했다.

이번 임시의회 중에 개정한 임시헌장은 우리 민족의 장래 건국이상에 적
합할 뿐만 아니라 또한 목전의 우리 독립운동의 실제 요구에도 적합한 극히
보귀한 혁명문헌이다. 동시에 이번 정부의 인선은 국내외의 성망 있는 최고
의 혁명 선배와 각 혁명당의 최고 권위 있는 대표자를 망라한 것이다.

이번 의회는 개헌과 인선상에서 실로 위대한 성공을 거두었다. 이것은 우
리 민족독립운동 선상에 진실로 경축할 만한 일이다.

여기에 우리 4당은 만감의 열정으로 이번 의회의 위대한 성공을 경축하는 동시에 우리는 공동의 의견을 정중히 선포한다.

첫째, 우리 4당은 이번 개정한 임시헌장을 전 민족 행동의 최고준승을 위하여 솔선하여 준수, 봉행할 것을 확인한다.

둘째, 우리 4당은 신임 정부주석 김구 선생 및 전체 국무위원은 우리 민족의 최고 영도자로서 우리는 당연히 솔선하여 성심 옹호할 것을 확신한다.

셋째, 우리 4당은 임시정부 기치하에 전체 민족을 단결·동원하여 일본 제국주의자에게 대항하여 최후의 결전을 전개할 것을 결심한다.

넷째, 우리 4당은 중·영·미·소 등 동맹국 및 전 세계 일체의 정의인사들의 동정과 원조를 얻고 더욱 최단시간 내에 임시정부의 승인과 유력한 국제 원조를 얻기 위하여 적극 노력한다. (……)

한국독립당·조선민족혁명당·
조선민족해방동맹·조선무정부주의자 총연맹

김구는 민족해방을 목전에 두고 자신을 줄기차게 비판하는 좌파 계열을 꾸준하게 설득하여 연합정부를 수립하는 데 성공했다. 그의 지도력과 위상은 좌우 세력을 망라하여 구심이 되고, 명실상부 독립운동계의 정상이 되었다.

김구는 조각에 들어가 각 부장을 인선하여 국무회의의 인준을 받았다. 각료는 내무부장 신익희, 외교부장 조소앙, 군무부장 김원봉, 법무부장 최동오, 재무부장 조완구, 선전부장 엄항섭, 문화부장 최석순이었다.

김구는 이들의 선서를 받고 취임식의 치사에서 "본 주석은 여러분이

내무부장 신익희, 법무부장 최동오, 선전부장 엄항섭(왼쪽부터).

모두 연부역강하고 정명능간(精明能幹)한 준재로서 반드시 맡은 바 임부를 수행하여 내외의 기대를 저버리지 않을 것을 확신한다"면서 "혁명적 기백과 분투적 정신을 발휘하여 각기 그 직책을 다하라"고 격려했다.

임시정부가 강화되는 것에 내외 동포들은 크게 환영했다. 재미동포들이 앞다투어 축전을 보내고, 각지에서 경축식이 열렸다. 중국 정부와 조야에서도 우정 어린 축하의사를 표시했다.

중국국민당 조직부장 주자화는 임시정부 주석·부주석과 국무위원·각 부장들을 초청해 축하연을 베풀고, 입법원장 쑨커도 임시정부의 신임 요원들에게 환영대회를 열어 주었다. 또 중국공산당 대표 둥비우와 린주한이 축하연을 베푼 데 이어 중국국민당의 우티에청, 천궈푸, 량한차오 등 지도자들도 축하연을 열고 임시정부의 대동단합을 축하했다.

6. 임시정부 요인들 '개인 자격'으로 귀국

1945년 8월 15일, 일제가 마침내 항복했다. 우리나라 국권을 강탈한 지 35년 만이었다. 일제의 항복은 한국인 모두의 감격이었지만, 독립운동 가들이 느끼는 감격은 특히 남달랐을 것이다. 임시정부는 충칭에서 일제의 패망 소식을 들었다.

김구 주석 등 임시정부 요인들은 1945년 11월 5일, 장제스 정부가 내준 비행기를 타고 5시간 만에 충칭에서 임시정부가 출범했던 상하이로 돌아왔다. 그러나 국내 귀환을 위해 미국이 보내주기로 한 비행기는 상하이에 머문 지 18일 만인 11월 23일에야 도착했다. 이날 김구 등 1진 15명은 미군 C-47 중형 수송기편으로 3시간 만에 김포공항에 도착 환국했다. 그나마 2진은 일주일 뒤 목포공항을 통해 귀국했다. 국내에는 임시정부 환영준비위원회가 구성되어 있었으나 미 군정 측이 준비위원회에 이를 알리지 않아 공항에는 환영객 하나 없었다.

미 군정은 임시정부 요인들을 개인 자격으로 귀국하게 하는 등 임시정부를 인정하지 않았다. 그리고 미국에 있던 이승만은 10월 16일, 미국 태평양 방면 육군총사령관 맥아더가 주선한 비행기를 타고 도쿄를 거쳐 서울에 도착했다. 미 육군 남조선 주둔군사령관으로 임명된 존 하지 중장은 이승만이 일본 도쿄에 도착했을 때 그를 만나려고 일본까지 가서 맥아더와 3인회담을 가진 데 이어 대대적인 귀국환영대회를 열었다. 임시정부 요인들 귀국 때와는 크게 대조되었다.

미국은 투철한 민족주의자인 김구 등 임시정부 요인보다 친미 성향이 강한 이승만을 처음부터 점찍고 크게 우대했다.

`대한민국 임시정부 환국 기념. 1945년 11월 3일, 충칭 임시정부 청사에서. 맨 앞줄 왼쪽 둘째 부터 조소앙, 이시영, 김규식, 김구, 홍진, 유동열, 신익희.

임시정부 요인들은 환영준비위원회에서 마련한 숙소인 경교장과 한미호텔에 머물면서 해방정국에 대처했다. 그리고 12월 19일, 마침내 임시정부 개선 환영식이 대규모로 열렸다. 미 군정은 냉대했지만 국민은 임시정부 요인들을 뜨겁게 환영했다. 환영식장에는 조선음악가협회가 만든 〈임시정부환영가〉가 우렁차게 울려 퍼졌다.

임시정부 환영가

1. 원수를 물리치고 / 맹군이 왔건만은 / 우리의 오직 한 길 / 아직도 멀었던가 / 국토가 반쪽이 나고 / 정당이 서로 분분 / 통일업신 독립없다 / 통일만세 통일만만세

2. 30년 혁명투사 / 유일의 임시정부 / 그들이 돌아오니 / 인민이 마지하여 인제는 바른 키를 / 돌리자 자주독립 / 독립업신 해방없다 / 통일만세 통일만만세

그러나 조국의 독립을 위해 목숨을 내놓고 처절하게 싸웠던 임시정부 요인들은 고국으로 돌아온 뒤 해방정국의 주역이 되지 못했다. 1945년 12월 말, 모스크바 3상회의(모스크바 삼국외상회의)에서 한국을 5년 신탁통치하기로 결정했다는 소식이 전해졌다. 이에 임시정부 요인들은 반탁운동에 앞장섰고, 미 군정과 친일세력으로부터 사사건건 견제를 받았다. 참다못한 김구 주석은 12월 31일, 내무부장 신익희에게 「국자(國字)」 제1호 · 제2호 임시정부 포고문을 발령케 했다. 미 군정과 정면 대치하는 결단이었다.

대한민국 임시정부 요인 1진과 2진 합동 귀국 기념촬영(1945년 12월 6일, 서울 경교장에서, 위)과
대한민국 임시정부 환국 환영식(1945년 12월 19일, 아래).

국자 제1호

① 현재 전국 행정청 소속의 경찰기구 한국인 직원은 전부 임시정부 지휘 하에 예속게 함.

② 탁치 반대의 시위운동은 계통적·질서적으로 할 것.

③ 돌격 행위와 파괴 행위를 절대 금함.

④ 국민의 최저생활에 필요한 식량·연료·수도·전기·교통·금융·의료기 관 등의 확보 운영에 대한 방해를 금함.

⑤ 불량상인들의 폭리 매점 등은 엄중 취체함.

미 군정의 하지 사령관은 이 같은 임시정부의 처사를 군정에 대한 쿠 데타라고 비판하면서 김구를 구속하여 인천감옥에 수감했다가 중국으 로 추방할 계획을 세웠다. 그러나 이 계획은 한국 민중의 대대적인 저항 을 불러올 것이라며 주변에서 만류해 실행되지는 않았다. 이후 임시정 부(김구)와 미 군정은 돌이키기 어려운 관계가 되었다. 해방정국은 신탁 통치를 둘러싸고 좌우 세력의 찬반투쟁으로 갈리고, 통일정부 수립과 친일파 청산 등 민족적인 과제는 실종되었다. 임시정부는 미 군정이 비 록 실체로 인정하지는 않았으나 정치적으로는 가장 활발하게 반탁운동 을 전개했다. 한 세대에 걸쳐 피어린 항일투쟁으로 독립된 나라가 또다 시 외국의 신탁통치를 받을 수 없다는 것이 임시정부 측의 소신이었다.

김구는 미 군정뿐만 아니라 소련 측으로부터도 배척되었다. 1946년 3 월 20일, 미소공동위원회가 덕수궁 석조전에서 열렸다. 소련 대표 스티 코프가 김구를 '반동적·반민주주의적'이라 비난하면서 "앞으로 수립 된 민주주의 임시정부는 모스크바 3상회의를 지지하는 민주주의 정당과 사회단체를 망라한 대동단결의 토대 위에서 창설되어야 한다"고 하여 사실상 김구와 임시정부 세력을 배제하는 발언을 했다. 김구는 격노하여 하지와 만난 자리에서 이를 따졌다.

> 김구: 장군, 단도직입적으로 말하겠는데, 당신들은 나라를 전략적으로 점령한 데 불과하오. 자주독립 정부를 세워야 할 것이 절실한 당면 과제인데, 미·소 양국이 한국에 신탁통치를 실시한다는 것은 잘못이 아니겠소.
>
> 하지: 김구 선생, 신탁통치안은 어디까지나 잠정적인 조치에 불과할 뿐입니다. 우리 역시 한국의 자주정부 수립을 희망하고 있는 것은 사실입니다.
>
> 김구: 아니 잠정적인 조치일 뿐이라니, 물론 장군도 소련 스티코프란 자의 개회사를 기억하고 있을 것이 아닙니까. 분명히 말해 두겠지만 이번에 열리는 미소공위는 한민족 전체의 염원을 짓밟는 강대국의 처사라고 아니할 수 없소. 따라서 신탁통치를 반대하는 것은 우리 민족의 당연하고도 엄숙한 의사표시인 것이오.(백범김구선생전집편찬위원회, 『백범김구전집』, 제5권, 대한매일신보사, 1999)

대한민국 임시정부는 충칭에서 일제의 패망을 내다보면서 좌우합작을 이루고 광복군을 창설하여 본토진격 등을 준비했다. 1919년 3·1 혁명을 계기로 4월 11일 상하이에서 출범한 임시정부는 27년 동안 중국 내 여러 지역을 돌아다니면서 일제와 싸운 한민족의 대표적인 독립운동 기관이었다.

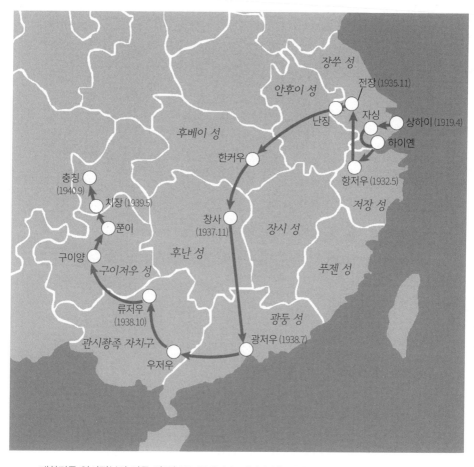

대한민국 임시정부의 이동 경로(대한민국임시정부기념사업회·대한민국임시정부기념관 건립추진위원회 엮음, 『사진으로 보는 대한민국 임시정부 1919~1945』, 한울, 2017 참고).

'임시정부의 당면 정책 14가지'를 제시한 포고문, 「국내외 동포에게 고함」.

임시정부는 1941년 11월 28일, 건국강령을 제정하여 해방 후 건설할 민족국가의 성격과 강령을 마련하고, 12월 9일에는 일본에 선전을 포고하는 한편, 1944년 4월에 약헌(헌법)을 개정해 부주석제를 신설하고, 김규식을 영입하고 민족혁명당 등과 통합하여 좌우합작 정부를 출범시켰다.

임시정부는 또 국무위원 장건상을 옌안에 특사로 파견해 김두봉을 비롯한 독립동맹 간부들을 만나, 충칭에 모여 통합문제를 협의키로 했다. 그러나 시국이 급진전하면서 김두봉의 충칭행은 이루어지지 못했다. 이것이 성사되었으면 해방 후 통일 과업을 논의하는 데도 큰 기여가 될 수 있었는데, 안타까운 일이 되었다.

임시정부는 일제의 항복 소식을 듣고 '임시정부의 당면 정책' 14가지를 제시했다. 임시정부가 최대한 빨리 입국하고, 미·소·영 등 우방과 제휴하고 연합국 헌장을 준수하며, 국내에 건립될 정식 정권은 반드시 독립국가·민주정부·균등사회를 원칙으로 하고, 독립운동을 방해한 자와 매국을 한 자들은 처단한다는 등의 내용이 담겼다.

미소공위가 결렬되면서 한국 문제는 유엔으로 넘어가고, 남한 단독선거가 결정되었다. 이에 김구는 김규식 등과 남북협상론을 제기한 뒤, 평양에서 북한 지도자들과 만나 단선·단정을 반대하고 통일정부 수립을 논의했다. 그러나 김구 등의 노력에도 결과적으로 한반도에 두 개의 정부가 수립되었다. 이후 임시정부는 1948년 8월 15일 대한민국 정부가 수립되고, 1949년 6월에 김구 주석이 친일·분단세력에 암살되면서 사실상 역할을 다했다.

일제의 만행과 잔학상

1. 일제의 만행 사례

일본은 우리나라와 가장 가까운 이웃이면서 우리나라에 씻을 수 없는 상처를 준 나라이기도 하다. 이 책에서는 오랜 과거, 즉 임진왜란과 왜구가 끊임없이 침략하던 시기는 뚝 잘라내고 일제강점 35년 동안 일제가 우리나라 국민을 상대로 벌인 만행만 살펴보자.

1910년부터 1945년까지 35년간 국내외에서 한국인 5백여만 명이 목숨을 빼앗겼고, 1천여만 명이 중경상을 입거나 실종되었으며, 3백여만 명이 각종 징용·징병·노력동원·학병·위안부 등으로 끌려갔다. 원폭 피해자와 사할린 등에 유배된 동포는 아직 숫자가 명확히 밝혀지지 않아 피해 집계조차 할 수 없다.

일제는 때와 장소를 가리지 않고 우리 동포를 학살하고 살육했다. 심지어 해방된 뒤인 1945년 8월 24일, 일제는 자신들에게 끌려가 온갖 고초를 겪다가 광복을 맞아 고국으로 귀환하는 한국인 3천여 명의 생명을 수중고혼으로 만들었다. 귀환하는 한국인들이 선상에서 일본 군인들에게 위해를 가할지 모른다는 엉뚱한 이유로 일제가 한국인 3천여 명이 탄

배 우키시마호를 수장시킨 것이다. 해방된 우리나라에 일제가 마지막으로 남긴 죄상이 바로 이 우키시마호 수장사건이다. 이 사건은 일제의 잔학성을 다시 한번 확인하게 만든, 그야말로 하늘을 함께 이고 살기 어려운 만행이었다.

일제의 한국 식민통치는 세계적으로 그 유례를 찾기 어려울 만큼 혹독하고 잔인했다. 러시아 정부가 "조선에서는 차리즘(차르를 중심으로 한 제정 러시아의 전제적인 정치 체제)의 모든 방식, 최신의 모든 기술적 진보와 순 아시아적 고문 제도, 전대미문의 잔학성이 결합되어 있다"고 규탄할 만큼 가혹했다. 이토록 잔혹했던 일제의 잔학사를 짧은 지면에 전부 기술할 수는 없고, 비교적 규모가 큰 학살사건과 만행을 중심으로 정리하고자 한다.

> "일본인은 동해 중에 있는 변변치 못한 세 섬에서 굴을 파고 살아온 난쟁이 종자였다. 그 흉악하고 간교함은 가히 유전성이라고 할 수밖에 없고, 우리 동양 역사에 누차 나타났다가 사라진 바 있다."

이것은 1916년 북간도의 우리 독립군 사관학교에서 『우리의 원수를 잊지 말라(오수불망)』는 역사 교재의 앞머리에 적혀 있는 말이다. 교재의 내용도 내용이지만 『오수불망(吳讐不忘)』이라는 책 이름이 우리의 가슴을 친다. 독일 뮌헨에 있는 나치 수용소 중 하나인 '다하우 강제수용소'에도 이 책 제목과 비슷한 내용의 말이 철문에 새겨져 있다. "용서하라. 그러나 잊지는 말아라."

2. 안중근과 신채호의 대일 논고

일본은 2차 세계대전 중 한국인 약 70만 명을 강제징용한 것으로 밝혀지고 있다. 그러나 일본 측에 의해 확인된 명부는 현재 1만여 명을 약간 웃도는 수준이다. 징용 문제는 죄악 중 지극히 일부분이다. 먼저, 안중근 의사와 신채호 선생의 말을 빌려 일제의 죄악상부터 들어 보자. 안중근 의사는 하얼빈에서 이토 히로부미를 처단하고 일제 관헌에 붙잡힌 뒤 공판 진술과 옥중 자서전에서 일제의 15가지 죄목을 열거했다.

1. 한국 민황후를 살해한 죄.
2. 한국 황제를 폐위시킨 죄.
3. 을사5조약과 정미7조약을 강제 체결한 죄.
4. 무고한 한국민을 학살한 죄.
5. 국권을 강제로 빼앗은 죄.
6. 철도, 광산, 산림, 천택을 빼앗은 죄.
7. 제일은행권 지폐를 강제로 사용한 죄.
8. 군대를 해산시킨 죄.
9. 교육을 방해한 죄.
10. 한국인들의 외국 유학을 금지시킨 죄.
11. 교과서를 압수하여 불태워 버린 죄.
12. 한국이 일본의 보호를 받고자 한다고 세계에 거짓말을 퍼뜨린 죄.
13. 한국과 일본 사이에 분쟁이 그치지 않고 살육이 끊이지 않는데 한국이 태평무사한 것처럼 속인 죄.

14. 동양평화를 깨뜨린 죄.

15. 일본 천황의 아버지 태천황을 죽인 죄.

신채호가 의열단의 부탁으로 쓴 「조선혁명선언문」에도 일제의 죄악상이 고스란히 담겨 있다. 신채호는 일제의 죄악상을 낱낱이 밝히면서 한국인의 울분과 원통함을 숨기지 않았다.

"강도 일본은 우리의 국호를 없이하여 우리의 정권을 빼앗으며, 우리의 생존의 필요조건을 다 박탈했다. 강도 일본이 헌병정치, 경찰정치를 힘써 행하여 우리 민족이 한 발자국의 행동도 임의로 못하고, 언론, 출판, 결사, 집회의 일체 자유가 없어 고통과 울분과 원한이 있어도 벙어리 가슴이나 만질 뿐이오, 행복과 자유의 세계에는 뜬 소경이 되고 말았다.

신문이나 잡지를 본다 하면 강도정치를 찬미하는 반일본화한 노예적 문자뿐이며, 똑똑한 자제가 난다 하면 환경의 압박에서 재정을 비관하고 절망하는 타락자가 되거나, 그렇지 않으면 '음모사건'의 명칭하에 감옥에 구류되어 주리를 틀고 목에 칼을 씌우고 발에 쇠사슬을 채우기, 단근질, 채찍질, 전기질, 바늘로 손톱 밑과 발톱 밑을 쑤시는, 수족을 달아매는, 콧구멍에 물 붓는, 생식기에 심지를 박는 노는 악형, 곧 야만 전제국의 형률사전에도 없는 갖은 악형을 다하고……."

중국 헤이룽장 성 성도인 하얼빈의 핑팡구에 있는 '731부대 죄증 진열관'에는 일제의 만행을 다시 한번 소상하게 증거해 주는 잔학상이 진열돼 있다. 〈마루타〉라는 영화 또는 동명 소설의 소재가 된 생체실험 및 세균전 특수부대의 잔혹성을 그대로 전시하고 있는 이 진열관은 일제가 얼마만큼 잔혹했는지를 입증한다.

생체실험이란 살아 있는 사람을 대상으로 각종 세균 실험, 약물 실험, 병기 성능 실험 등을 해서 세균무기를 생산해 내는 실험이며, 이 실험이 행해지는 곳은 일본군의 가공스러운 인간 도살장이었다. 일제 관동군 731부대는 1938년부터 1945년까지 한국인, 중국인, 만주인, 몽골인, 러시아 인 등 항일운동가, 포로 등 3천여 명을 붙잡아 생체실험의 '마루타'로 이용했다. 일제 관동군은 생체실험 대상자를 '마루타'라고 불렀는데, 이것은 '통나무'라는 뜻이다.

많은 한국인이 희생된 이 생체실험에는 더 강력하고 살상력이 빠른 세균무기를 개발하기 위해 무려 31종류의 '실험'이 자행되었다. 예를 들면, 고속 원심분리기를 사용해 사람의 생피를 짜내는 착혈 실험, 인간의 피와 말의 피를 서로 교환해 보는 인마혈(人馬血) 교환 실험, 진공·기아·화학가스·화력·냉동 등 극한 상황에 따른 인체의 반응과 생존력을 알아보는 실험, 각종 세균을 주사로 주입하거나 만두에 섞어 먹이고 그 독성을 실험하는 세균감염 실험 등이다.

일제는 전세가 불리해지자 이를 만회하기 위해 세균무기 개발에 혈안이 되었는데, 이에 따라 더욱 많은 '마루타'가 희생되었다. 흔히 731부대로 불리는 이 부대는 연간 페스트균 500~700kg, 장티푸스균 800~900kg, 탄저균 500~700kg 등을 생산해 냈다. 만약 500kg의 콜레라균을 살포할 경우 17만 km^2 를 세균으로 오염시킬 수 있는 살상력을 갖고 있었다 하니 일제의 잔혹상에 새삼 소름이 돋는다. 그들은 최후 발악으로 생산한 세균을 한반도와 만주에 살포할 계획을 세우기도 했었다.

3. '마쓰시로 대본영' 건설 과정 중 1천여 명 사망

일본은 패망 직전 일왕의 임시 거처와 전시 최고사령부를 구축하기 위해 극비리에 '마쓰시로 대본영'을 건설했다. 일본군의 '제2 대본영'으로 불리는 마쓰시로 대본영은 태평양전쟁 말기 사이판 섬 함락 등으로 일본 본토에 대한 공습이 본격화되면서, 일본군 수뇌부가 '본토 결전' 태세를 갖추기 위한 배수진으로 철저히 비밀리에 만든 지하 요새이다.

이 공사에는 최소한 한국인 노동자 7천여 명이 강제동원되어 지하갱도의 굴착, 발파작업 등 중노동에 시달렸는데, 그중 1천여 명이 죽은 것으로 알려졌다. 총 연장 13km의 지하호를 파는데 발파 등 가장 위험하고 힘든 막장 작업에는 강제징용된 한국인들이 동원됐다. 생존자들이 증언한 바에 따르면 하루 평균 3~5명씩 목숨을 잃었다고 한다.

심지어 일왕의 침실공사에 동원된 노동자들은 특정 공사가 끝나면 20~30명씩 한밤중에 끌려나가 다시는 돌아오지 않았다. 이들은 등 뒤로 수갑이 채워져 어딘가로 끌려가 총살되어 매장됐을 가능성이 큰 것으로 알려졌다. 비밀 유지를 위해서 노예처럼 혹사시키고는 목숨까지 빼앗아버린 것이다. 마쓰시로 대본영 지하호 내부에는 당시 강제동원되어 짐승같이 혹사당한 한국인들의 저절한 절규가 한글 낙서로 새겨져 있다.

1923년 9월 1일, 일본 관동지역에서 발생한 대규모 지진으로 9만여 명이 죽고 집 40여만 호가 불에 탔다. 이 혼란 속에서 벌어질지도 모르는 반정부 폭동을 우려한 일본 정부가 민심수습 방안으로 "한국인이 우물에 독약을 넣었다," "한국인이 폭동을 일으켰다" 따위의 유언비어를 날조해 퍼트렸고, 관동지역에서는 상상하기 어려울 정도의 '한국인 사냥'이 벌어졌다. 이때 학살당한 한국인은 일제의 공식 집계만 해도 6,600명에 이르고, 한국인 변호사들이 일제의 방해를 받아 가면서 자체 조사한 희생자 수는 2만 명이 넘었다.

일본 민간단체인 '지바현 관동대지진 재조선인 희생자 추도·조사 실행위원회'는 지바 현 나라시노 시에서 있었던 '한국인 학살사건'을 10여 년 동안 추적·조사한 결과를 발표했다. 이 발표에 따르면, 관동지진 당시 일본 군대가 수용소에 억류돼 있던 한국인들을 인근 마을 주민들을 시켜 청부 학살한 사실이 새로 밝혀져 큰 충격을 주었다. 지진이 발생한 직후 나라시노 시 주둔 나라시노 기병여단은 '재난으로 인한 한국인 격리보호'를 이유로 다카스 수용소에 억류돼 있던 한국인 3,196명 중 반항자들을 골라 처형하면서, 이들 중 상당수를 수용소 부근 주민들에게 마을별로 할당해 학살하도록 했다고 한다.

이처럼 마을 주민들에 의해 학살된 한국인들의 숫자는 대지진 당시 계엄령하에 있던 일본군이 관련 서류를 소각해 구체적으로 밝혀지지 않고 있다. 그러나 당시 목격자·증언자·관련자의 일기 등을 통해 지금까지 확실하게 드러난 숫자는 2백여 명이며, 확인된 학살현장 및 유해 매장장소는 세 곳에 이른다.

그러나 위원회 측은 이 같은 희생자 숫자는 당시 나라시노 기병여단에 근무했던 일부 병사들이 "수용된 한국인들 중 하루 3~4명꼴로 총살되거나 일본도에 목이 잘려 나가는 것을 보았다"고 증언하고 있는 것으로 미루어 빙산의 일각에 불과한 것으로 추정되고 있다.

이 위원회는 1923년 9월 10일 다카스 수용소 부근 3개 마을에서 한국인 20명(목격자의 증언이 확실한 경우)이 군대의 지시로 마을 주민들에 의해 학살된 사실을 확인했다. 당시 마을 주민들은 "한국인을 데려가 죽이라"는 군대의 통보를 받고 인근 관음사라는 사찰에 모여 한국인들을 분배받았다. 처음에는 "생사람을 어떻게 죽이느냐"며 서로 인수를 기피하다 결국 마을별로 할당된 한국인들을 끌고 갔다고 한다.

이렇게 끌려간 한국인들은 마을의 야산이나 벌판에서 일본도에 목이 잘린 뒤 매장됐는데, 한국인 학살 대상자의 분배장소로 사용됐던 관음사로부터 1km쯤 떨어진 지점 등 세 곳에 유해가 매장돼 있는 것으로 알려지고 있다.

일본인으로서 스스로 위안부 출신임을 밝힌 유일한 사람인 시로타 스즈코 씨(가명)가 증언한 한국인 위안부의 모습도 참혹하기 그지없다. 그가 밝힌 바에 따르면, 조선 여성 40여 명이 남양군도의 도라크 섬에서 일본 병사들의 위안부 노릇을 강제당하고 있었다. 열서너 살의 소녀에서부터 사십 대가 넘는 여자도 있었는데, 이들에게는 이름 말고 고유번호가 매겨졌다. 병사들은 상대할 여자의 번호표를 들고 위안소 앞에 줄을 서서 기다렸다. 일본 병사들의 끔찍한 학대를 견디다 못해 스스로 목숨을 끊는 사람도 있었다고 한다.

또 2차 세계대전이 일본의 패배로 끝나고 미군이 이 섬에 상륙하자 이른바 '천황의 군대'라고 자부하던 일본군은 한국인 위안부들에게 저지른 죄악의 흔적을 없애려고 정글에 대피해 있던 한국 위안부들을 귀국시켜 주겠다고 속여 트럭에 태운 뒤에 기관총을 쏘아 죽였는가 하면, 정글 속에 남아 있던 위안부들을 그대로 팽개치고 도망갔다고 한다.

그러나 위안부라는 이름으로 일본 제국주의의 침략전쟁에 강제로 동원되어 일본군의 성노예를 강요당했던 한국 여성들의 참상은 실제로는 일본 여성의 이러한 증언보다 훨씬 더 잔혹했다. 일본에서 출간된『정신대실록』에 따르면, 한국인 위안부로 남양군도의 어느 섬에 배치되어 죽음보다 더한 고통을 겪은 김 모 씨는 오빠 대신에 군수공장에서 일하는 것으로만 알고 정신대에 나갔으나 끌려간 곳은 육군 위안부였다고 한다. 이 여성은 다른 여성 20명과 함께 무려 1천 명에 가까운 병사들을 상대로 살점이 찢겨지고 국부가 파열되는 고통을 겪으며 노리갯감 노릇을 해야 했다.

또 다른 한국인 위안부의 증언이다.

"하루에 90명까지도 치렀는데, 사병들은 위안부들이 밥 먹을 시간도 없을 만큼 달려들었다. 그래서 관리부의 병사가 주먹밥을 만들어 위안부의 입에 넣어 주었고, 우리는 배 위에 사람을 올려놓은 채 그것을 먹었다.……"

이렇듯 일제가 반문명적인 성노예인 위안부에게 행한 잔혹성은 세계 역사에서도 그 유례를 찾아볼 수 없을 만큼 끔찍했다.

4. 한국인에 대한 고문 참상

재일동포 김봉수 씨는 2차 세계대전 중 일본의 한 광산에 동원되었다가 숨진 한국인 강제징용자의 명단 일부를 공개한 바 있다. 김 씨가 지난 1965년 8월에 가미오카 읍사무소에서 '매화장인허원철'을 발견해 25년 동안 보관해 오다가 공개함으로써 이 명단이 세상에 알려졌다. 이 명단에는 사망자의 이름, 생년월일, 직업, 본적지, 사망 당시 현주소는 물론 사망년월일, 장소, 사망원인까지 상세히 적혀 있어, 지금까지 말로만 전해 오던 한국인 강제징용자에 대한 일제의 만행을 실감케 해 주었다.

이 사망자들은 일본 기후 현 가미오카 읍 미쓰이광업소에 강제동원되었다가 1940년부터 45년 사이에 숨진 사람들이다. 그런데 병사보다도 자살, 익사, 전신타박상, 둔부타박상, 의상성 출혈 등의 사인이 훨씬 많아, 당시 일본 전역에 걸쳐 있던 한국인들의 강제노역 현장이 얼마나 참혹했는지를 잘 말해 준다. 특히 이 광산은 한국인 노무자뿐만 아니라 그들을 따라온 80여 명이나 되는 어린이들까지도 영양실조, 질병 등으로 숨지는 등 모두 130여 명이 타살되거나 자살·병사한 것으로 알려져 충격을 더해 준다.

한국인 노무자들은 하루 세끼를 주먹밥 1개씩으로 허기를 달래며 15시간 중노동에 시달려야 했다. 다른 지역의 탄광, 광산, 댐 건설현장 등에 끌려갔던 그 어떤 한국인 강제징용자들보다도 더 가혹한 고통을 당했던 것으로 밝혀졌다.

1920년부터 2차 세계대전이 일어난 1940년까지는 명색이 '문화정치'의 시대로 불린다. 일제는 3·1 혁명에 자극받아 무단정치를 소위 문화정치로 바꾸면서 헌병경찰제도를 폐지하고 보통경찰제로 전환했다. 이 기간 동안 ≪동아일보≫ 등 일간지에 보도된 한국인 고문 사례는 줄잡아 1,500여 건에 이른다. 이 통계는 '고문'이라는 제목으로 보도된 사례만을 집계한 것이기 때문에 빙산의 일각에 불과하다.

헌병경찰제도가 폐지되고 '문화정치'의 깃발이 나부끼던 1920년 4월 18일 자 ≪동아일보≫ 사회면에는 다음과 같은 고문기사가 실렸다.

"경남 울산군 하상면 순사주재소 순사는 그곳에 사는 15세 미만의 아이들 10여 명을 잡아다가 '너희들도 장차 만세를 부를 것이다'라는 허무맹랑한 죄명을 붙여 혹독한 형벌로 신문하다가 나중에는 뻘겋게 단 화저로 지져 가며 묻다가 그것도 부족하여 성기까지 지졌다 한다."

도시 시골 할 것 없이 전국 각지에서 일어난 일본 경찰과 군인의 끔찍한 만행은 말과 글로 다 담아낼 수가 없을 지경이다.

"일본 군인은 강원도 고성군에서 마을에 들어가 의병의 종적을 탐색하면서 마을 사람들에게 그들의 행적을 물었다. 겁에 질린 이들이 알지 못한다고 대답하자 그 자리에서 7명을 참수하여 머리를 저자에 돌려가며 위협했으며, 또 한 마을에 들어가 의병을 색출하다 찾아내지 못하자 즉시 마을 사람 2명을 사살하고, 그 시체를 가마솥에 넣어 삶아서 익은 뼈와 살을 여러 사람에게 보였다. 뿐만 아니라 원주군에서 의병의 혐의가 있는 몇 사람을 체포하여 나무에 결박하고 그 배를 베어 가죽을 벗기며 통쾌하다고 박수갈채를 치며 좋아했다."

"어느 지방에서는 양민을 잡아 땅에 쓰러뜨리고 냉수관을 입에 물어 물을 퍼붓고, 배가 북같이 부풀어 오르자 나무판자로 그 배를 쳤으며, 그다음에는 일본 경찰 여럿이 그 위에 뛰어올라 물이 입에서 쏟아져나오는 것을 보며 깔깔대고 큰 웃음을 터뜨렸다."

"또 어느 지방에서는 의병을 추격하다 따르지 못하자 이에 격분한 일본

경찰은 주민 수백 명을 포박하여 벽지로 끌고 가서 큰 갱(坑)을 여러 개 파서
주민을 갱 속에 처넣고 반을 묻은 다음 각자 예리한 일본도로 풀을 베듯 목
을 자르고 서로 쳐다보며 크게 웃어 댔다."

"황해도 평산군에서는 의병을 수색한다는 빌미로 민가를 불태우고, 엄동
설한인데도 남녀 수백 명을 붙잡아 옷을 벗기고 얼음 위에 온종일 서 있도
록 하여 얼어 죽게 하였다."

일제의 잔혹사는 무단통치, 토지약탈, 3·1 만세시위 참가자 학살·고
문, 한국어 말살, 신사참배 강요, 창씨개명, 징병과 징용, 의병 학살, 학도
병 고문, 독립운동자 고문·학살 등 이루 헤아릴 수 없다. 특히 총독부 고
등경찰의 잔혹한 고문은 두고두고 악명을 날렸다. 일제는 1942년 10월,
소위 '조선어학회사건'이라는 것을 조작해 조선어문을 지키려던 우리
학자들에게 이루 말할 수 없는 고문을 가했다.
　인간의 얼굴을 하고, 인간이기를 거부한 그들의 만행은 일제 35년 동
안의 일만이 아니다. 1876년 강화도조약 이래, 본격적으로는 1905년 을
사늑약 이래 한국인과 한국의 풀 한 포기 나무 한 그루에 이르기까지 그
들의 횡포와 잔학이 기해지지 않은 데가 없었다.

5. 일제의 한국 여성 잔학상

나라를 잃게 되면 가장 큰 피해는 여성이 당하게 마련이다. 망국민의 수

모에 남녀노소가 따로 있을까마는, 남성에 비해 여성은 성의 피해까지 입기 때문이다.

일제 35년, 아니 강화도조약 이래 한국 여성이 일본인에게 당한 성적 치욕은 일찍이 세계 식민지 역사상 유례를 찾을 수 없을 만큼 잔학했다. 그들은 때와 장소는 물론 노소를 가리지 않고 치마 입은 조선 여성에게는 짐승과 다를 바 없는 갖은 만행을 저질렀다. 특히 항일운동으로 체포된 여성들에게는 헌병대나 경찰서를 가리지 않고 고문의 일환으로 강간과 겁탈을 자행했다. 특히 독립운동의 가족이거나 민·형사상의 피의자 또는 연루자를 겁탈하기 일쑤였고, 애꿎은 민간인의 부녀자까지 폭행·강간하는 사례가 빈발했다.

3·1 혁명 후 만세시위에 가담한 한국 여성들을 대상으로 한 일제의 만행은 당시 국제적인 규탄의 대상이 되었다. 잔학하기 그지없는 일본인들의 한국 여성 강간·고문 사실이 외국 선교사들을 통해 해외 언론에 보도되는 경우가 많았다. 그러나 혹독한 보도통제로 국내에는 거의 알려지지 못했다.

2차 세계대전과 더불어 '정신대'라는 것을 조직하고, 한국의 젊은 여성들을 '군수용'으로 끌어가 병졸들의 성적 배설처로 이용한 사례는 일본 군국주의가 최초이다.

일본 경찰의 여러 가지 고문 형태 가운데 한국 여성 피해자에게는 강간·겁탈 등 한국 여성들에게는 죽음보다 치욕적인 '성고문'이 추가되었다. 그들은 체포해 온 사람이 처녀이건 유부녀이건 일단 옷을 모두 벗겨서 나체로 만든 뒤에 고문을 시작했다. 나체의 여성을 몽둥이로 후려치고 손가락을 비틀면 알몸의 피의자는 고통에 못 이겨 전신을 뒤틀게 마련이다. 그런 상황에서 수사관들은 공식절차처럼 겁탈을 저질렀다. 이런 성고문은 가학적인 성적 도착 감정까지 곁들어서 그들에게는 가장 '에로틱한' 고문의 하나로 즐긴 품목이었다.

일제 수사관들이 즐겨 사용한 기구의 하나로 '쇠좆몽둥이'라는 것이 있었다. 이것을 우신봉(황소의 생식기를 뽑아 말린 고문기구)이라고도 하는데, 이것으로 매질을 하거나 물에 불려 여성 음부에 삽입시키는, 차마 눈 뜨고는 보지 못할 만행을 공공연히 자행했다.

독립운동가 박은식 선생은 『한국독립운동지혈사』에서 일본 군경이 한국 여성들에게 자행한 사건 몇 가지를 폭로한다.

3·1 운동 당시 함종군의 한 가난한 어촌의 부녀자가 독립군에 가담한 혐의로 체포되어 살해되었으며, 같은 동네에 사는 여학생은 일본 경찰에 강간당했다.

한편, 선천군에서는 한 노파가 일본 경찰에 의해 입이 찢긴 채 비참한 최후를 마쳤는데, 이는 애국연설을 한 혐의 때문이었다는 것이다.

또한 그해 3월 7일, 평양의 독립시위에 참가했던 여학생 2명은 일본인 소방대들에 의해 소방기구로 머리를 찍혀 목숨을 잃었고, 같은 혐의로 붙잡힌 한 여교사는 쇠몽둥이로 가슴이 찌히고 윤간당해 폐인이 되고 만 일도 있었다.

서울 근교의 어느 마을에서는 일본 군인들에 의한 강간이 자행되어 30여 명의 자살자가 생겼으며, 어린 여학생의 음부를 때리면서 "서방이 몇이냐?"는 등 도저히 입에 담을 수 없는 욕설을 하기도 했다.

일제강점기에 한국 여성이 당한 수모는 일본인들에게서만은 아니었다. 친일파들이 일본 정부의 힘을 믿고 선량한 여성들을 겁탈한 경우도 비일비재했다. 그 대표적인 인물이 반민족 친일파의 거두 최린이었다. 최린은 총독부의 일로 구미 시찰을 떠나 프랑스 파리에 도착한 뒤, 당시 천재 여류화가 나혜석을 강간해 일생을 원한으로 보내게 만들었다.

한편 『동아일보 압수사설집』에 따르면, 1924년 7월 25일 충북 현도면 마봉리에서 한 임신부가 경찰의 조사를 받고 돌아와 자살한 일이 있다. 이 여성은 시부모와 남편과 함께 시누이의 피의사실에 대한 신문을 받기 위하여 인근 지서에 출두했는데, 지서장은 임신했다는 사실도 아랑곳하지 않고 부인의 옷을 전부 벗겼다. 옷을 벗겨 정말로 임신했는지 아닌지 확인하기 위해서 그는 갖은 만행을 저지른 것이다.

한편 미국 총영사가 일본 도쿄 주재 미국대사에게 보낸 서한에는 3·1 만세시위에 나선 한국 여성들을 일제가 어떻게 혹독한 고문과 강간·겁탈을 자행했는지를 생생히 기록되어 있다. 몇 가지 사례를 보면 다음과 같다.

· 몽산 근처의 신창이라는 마을에서는 일본 군인들이 감리교 교회의 종을 부수고 총으로 목사 부인을 마구 구타했다. 이때 현장에서 부인과 어린아이 하나가 있었는데, 이러한 사실이 알려졌을 때에는 이미 그 부인의 흔적조차 찾아볼 수 없었다.

· 남해안 지방의 안주에서 일어난 다음의 사례는 한국인에 의해 직접 목격된 것인데, 그는 목격담을 매우 정확하게 기록하고 있다. "3월 5일과 9일,

군인들은 밤에 큰길에 있었던 모든 사람들을 기차역으로 끌고 가면서 무차별 구타했습니다. 한 소녀는 얼굴을 맞아 7개의 이빨이 부러졌으며, 또 임신부 한 사람은 얼굴을 4차례나 심하게 맞았습니다. 누군가는 사타구니에 총을 맞았죠."

· 평양에서 서쪽으로 약 20마일 떨어진 곳에서도 야만적인 행위가 자행되고 있었다. 조사내용에 의하면, "교회 안마당에 8명이 묶여서 구타당했고, 또 어떤 사람은 군인들이 불을 붙인 성냥으로 그의 사타구니를 지지자 군인들에게 제발 죽여 달라고 소리 질렀습니다. 근처 숲 속에서는 3명의 여자들이 발가벗긴 채 두들겨 맞고 있었는데, 얼마나 맞았는지 온몸에 멍이 들어 푸르스름했으나 살갗이 찢어지지는 않았습니다."

· 3월 4일 신학교로 들어가기 위해 평양에 도착한 신학교 학생들을 군인과 경찰이 체포해서 헌병대로 끌고 갔는데, 경찰에 체포되어 '치욕스런 수모'를 당한 15명의 여자들 중에서 21세된 한 여자가 미국의 유명한 선교사에게 다음과 같이 말했다. "어떤 사람들은 기절할 때까지 고문당하곤 했는데, 월경 시기여서 한사코 벗지 않으려고 저항하는 한 젊은 여인의 옷을 강제로 벗기고는 훨씬 더 심하게 구타했으나 찬물을 끼얹지는 않았습니다."

한 여학생은 3월에 경찰에 체포되어 있는 동안 자기가 경험한 것들을 다음과 같이 상세히 얘기하고 있다. "어떤 작은 방 안에 감금되고서야 나는 내가 무엇을 당했는가를 생각해 낼 수 있었습니다. 4~5명의 경찰이 나를 마구 차고 때리고 사정없이 짓눌렀으며, 그런 후 정신을 잃은 상태에서 나의 약한 몸뚱아리는 방 한구석에 처박혔던 것입니다. 그곳에는 여자 35명과 남자 40명 등 총 75명의 사람들이 한 방에 수용되어 있었습니다."

· 1919년 3·1 운동 당시 에드워드 스윙이란 미국인은 일본인들의 만행을 목격하고 이 사실을 4월 18일 미국 대통령에게 진정하는 서한을 보냈다. 이 서한은 "일본인들의 무단통치가 계속되고 있고, 아주 야만적이고 잔인한 탄압을 받는 가운데서도 독립운동은 계속되고 있습니다. 눈으로 직접 보지 않고서는 도저히 믿을 수 없을 정도로 일본의 무단통치는 악랄했으며, 훌륭하게 진행되고 있는 독립운동을 일본 지휘관과 군인들은 마치 무법천지에서 날뛰듯이 아주 야만적으로 탄압하고 있습니다"라고 썼다.

특히 이 진정서는 일본인들의 한국 여성에 대한 만행을 다음과 같이 기록하고 있다. "경찰과 군인들은 남녀노소를 가리지 않고 마구 체포해서 잔인하게 구타하고 있습니다. 열 살밖에 안 된 어린 소녀와 부녀자들, 그리고 여학생들조차도 육체적 고통과 괴로움뿐만 아니라 차마 형용할 수 없을 정도로 치욕스런 수모를 당하고 있는 것입니다."

· 외국 선교사의 한 기록에 의하면 어느 부인은 손과 발에 칼을 채워 심한 고문을 당한 후에 쉬지도 못하게 괴롭혔다. 어느 여교사의 수난은 여성들에게 가해진 모욕의 한 전형이다.

Y라는 여성은 교양이 있고 매우 총명했다. 그녀에게는 네 살 난 아이가 있고 또 임신 3개월의 몸이었다. 그녀는 잠깐 시위에 참가하고 표학순이란 여학생 집에 그 어머니를 위로하려고 갔었다. 그녀가 그 집에서 나오

려고 할 때 수 명의 군인과 경찰이 다가섰다. 그들은 그녀가 교사라는 사실을 알고 있었으며 학교로 그녀를 찾으러 갔었던 것이다. 그들은 그녀에게 만세를 불렀느냐고 물었다. 그녀가 불렀다고 대답하자 동행하라고 명령했다.

경찰은 얼굴을 짓밟고 때린 다음 치마끈을 잡아당기며 옷을 벗으라고 명령했다. 그녀가 주저하고 있으니까 경찰은 매질을 하면서 강제로 옷을 찢어 버렸다. 다시 몽둥이로 때린 다음 속옷까지 빼앗고 가슴을 차면서 때려죽이겠다고 고함을 쳤다.

그 여자가 찢어진 속옷으로 알몸을 숨기려 하자 그 속옷도 빼앗고, 앉으려고 하니까 몽둥이질을 하면서 서 있으라고 강요했다. 그녀가 방 안에 있는 많은 남자들의 시선을 피하고자 벽을 향하고 서 있으려 하자 그때마다 남자들 쪽을 보고 서 있으라고 매질을 당했다. 그녀가 손으로 음부를 가리려 하자 사납게 손을 뒤로 틀어 그것도 못하게 했다. 그 여자는 전신을 난타당하여 무감각이 되고 의식을 잃기 시작했다. 얼굴은 부어오르고 전신은 퍼렇고 검게 변색했으나 그래도 학대는 계속되었다.

· 미국 상원 회의록에 기록된 ≪한국사정보고서≫(1919. 11. 1)에는 한국 소녀들이 일제에 당한 수모 내용을 상세히 기록하고 있다.

5월 5일에 나는 친우와 조국의 독립을 절규하는 시위행렬에 남대문에서 참가하여 종로를 향해 행진하며 만세를 불렀다. 덕수궁 밖에서 일본 순사에 붙잡혀 종로경찰서에 구인되었다. 발로 채이고 칼로 맞아 거의 혼절상태가 되어 나는 내가 매를 맞는지 다른 사람이 매를 맞는지 분명치 못한 상태에 빠졌다.

얼마 후 의식을 깨어 보니 일본 순사의 유방을 노출하라는 명령을 불응하자 저들이 내 저고리를 찢고 사람의 입으로는 차마 하지 못할 언사로 조롱했다. 이들은 내 손가락을 결박하고 잡아뽑아 내가 기진하여 넘어지자 신문하던 관리는 꿇어앉으라 하며 쫓아와 유방을 잡아 뜯고 난타했다. 나는 다시 혼절되었다.

· 《북경데일리뉴스》(1919. 4. 15)에는 일제의 한국 여성에 대한 야만성을 처절하게 게재하고 있다.

한국 부인은 감금실에서 헌병에게 의복을 찢기우고 전 나체로 심문실에 끌려갔다. 어떤 부인은 두 손으로 음부를 가리고자 했으나 그 팔을 위로 결박당했기 때문에 불가능했다.

심문실에 들어가면 저들은 실내를 엎드려서 기어 다니게 하는 등 수모를 가했다. 일본 순경들은 또 배를 차고 아니면 잔혹한 취급을 하고, 더욱 저들은 여성의 유방을 소에게서 하는 것과 같이 짜기도 했다. 세수할 때도 다른 사람이 걷는 장소에서 나체로 서지 않으면 안 되었다. 심문이라 함은 실은 되도록 극단한 치욕과 고통을 주고자 함에 있음은 물론이다.

6. 인류 최악의 여성 잔학사

일본 군대에는 20만 명 정도의 위안부가 있었는데, 그중 80~90%가 16~19살의 한국인 여성들이었다. 일제는 1944년 8월 「여자 정신대 근로법」을 만들어 만 12살 이상 40살 미만의 한국 여성을 정신대에 끌어모았다. 강제 동원된 한국의 젊은 여성들은 일본의 군수공장이나 남양의 최전선에 배치되어 일본군의 위안부 노릇을 해야 했다.

'정신대 근로법'이 공포되기 전인 1937년부터 일제는 가난한 한국 여성들을 '지원' 형식으로 중국으로 데려가 '위안소', '간이위안소', '육군오락소'라는 이름의 군시설에 배치해 그들의 노리개로 삼았다. 이렇게 동원된 위안부의 수는 1938년 초부터 가을까지 약 3~4만 명에 이르렀다. 그러나 '정신대 근로법'이 공포된 뒤부터는 공공연히 강제로 끌어갔는데, 군수공장으로 데려간다고 해 놓고 그중 일부는 직접 남방전선으로 보내 위안부로 혹사했다.

일제는 8·15 패전 후 그간의 죄상을 기록한 조선총독부의 모든 기록 문서를 소각했다. 따라서 위안부로 끌려가 희생된 한국 여성들의 숫자가 얼마인지는 정확한 기록이 남아 있지 않아 알 수가 없다. 그러나 한 조사에 따르면, 1943년부터 1945년 8월 15일 전까지 일제가 정신대라는 이름으로 활용한 한국인 여성의 수효는 20만 명으로 추계되었고, 그중 약 5~7만 명이 위안부로 희생된 것으로 추산되고 있다. 한국의 여성들이 성병이 없고 나이가 어린 것에 착안하고는 본격적으로 '징용'하기 시작했다.

그들은 소위 '니꾸이찌(二九一)'라 해서 일본군 29명 앞에 위안부 1명의 비율로 충원계획을 세워 한국 여성들에게 온갖 악행을 저질렀다. 이들 조선 여성들은 중국 전선, 남태평양 고도, 미얀마 최전선의 참호 속까지 일본 군대가 있는 곳이면 예외 없이 투입되어 그들의 성의 노리갯감이 되다가 패전하는 일본군에게 상당수가 학살당하기까지 했다.

정신대에 끌려간 한국 여성들은 하루 몇십 명에서 백여 명의 무지막

지한 일본 병사들을 받으면서 국부에 피를 쏟으며, 기아에 쓰러지기도 하고, 밀림에 방치되는 등 말과 글로는 다 할 수 없는 학대와 수모, 성폭행을 당했다.

조선총독부 관리들과 일본 장교들은 시골에서 한국 여성들을 끌어모을 때 저들이 먼저 야욕을 채우고 각처의 육군위안소로 배치했다. 한국 여성들은 이토록 처절하게 일제에 희생당했다.

주요 연표

1905년   11월 17일, 을사늑약이 강제되다.

1906년   조선통감부가 설치되다.

1909년   10월 26일, 안중근, 이토 히로부미를 사살하다.

1910년   8월 22일, 한일 병탄조약이 강제되다.

          8월 29일, ≪조선총독부 관보≫에 한일 병탄조약을 공포하다.

1911년   신흥무관학교가 설립되다

1917년   7월, 조소앙·박은식·신채호 등 14명의 명의로「대동단결선언」
          이 발표되다.

1918년   신한청년당이 창당되다.

          미국 윌슨 대통령, '14개조 평화원칙'을 공표하다.

1919년   1월, 파리강화회의가 시작되다.

          2월, 김규식, 대한민국 대표로 파리강화회의에 파견되다.

          독립운동가 39명이 서명한「대한독립선언서」를 발표하다.

          2월 8일, 도쿄에서 학생들이「독립선언서」를 발표하다.

          3월 1일 오후 2시, 민족대표 29명이 서울 인사동 태화관에서 우
          리나라의 자주독립을 선언하고, 전국적으로 만세시위가 시작
          되다.

          4월 11일, 상하이 대한민국 임시정부가 수립되다.

          9월, 한성정부, 블라디보스토크의 국민의회정부, 상하이임시정
          부 등 3개 정부가 통합되다.

1920년   12월, 임시정부가 수립된 지 1년 반 만에 대통령 이승만이 상하

이임시정부를 찾다.

1921년   5월, 이승만이 상하이에 미국으로 떠나다.

1925년   3월, 대한민국 임시정부 의정원이 대통령 이승만을 탄핵하고, 박은식을 제2대 대통령으로 선출하다.

1932년   1월 8일, 이봉창, 히로히토 국왕이 탄 마차에 폭탄을 던지다.

4월 29일, 윤봉길, 홍커우공원에서 열린 일제의 천장절 겸 전승 축하 기념식장에 폭탄을 던지다.

1940년   한국독립당이 만들어지다.

김구, 대한민국 임시정부의 주석으로 선출되다.

9월, 한국광복군이 창설되다.

1941년   11월 28일, 임시정부가 「대한민국 건국강령」을 채택하다.

12월 10일, 임시정부가 「대한민국 임시정부 대일선전성명서」를 발표하다.

1944년   임시정부가 좌우합작 정부를 수립하다.

1945년   8월 15일, 우리나라가 일제에 국권을 강탈당한 지 35년 만에 해방을 맞이하다.

10월 16일, 이승만, 서울에 도착하다.

11월 23일, 대한민국 임시정부 1진 15명이 환국하다.

12월, 모스크바 3상회의에서 한국의 5년 신탁통치가 결정되다.

12월 31일, 김구, 「국자(國字)」 제1호·제2호 임시정부 포고문을 발령하다.

1948년   8월 15일, 대한민국 정부가 수립되다.

1949년   6월, 김구가 안두희에게 암살되다.

지은이_김삼웅

독립운동사 및 친일반민족사 연구가로, 현재 신흥무관학교 기념사업회 공동대표를 맡고 있다. ≪대한매일신보≫(지금의 ≪서울신문≫) 주필을 거쳐 성균관대학교에서 정치문화론을 가르쳤으며, 4년여 동안 독립기념관장을 지냈다. 민주화운동관련자 명예회복 및 보상심의위원회 위원, 제주 4·3사건 희생자 진상규명 및 명예회복위원회 위원, 백범학술원 운영위원 등을 역임하고 친일반민족행위진상규명위원회 위원, 친일파재산환수위원회 자문위원 등을 맡아 바른 역사 찾기에 부단히 노력하고 있다.

역사·언론 바로잡기와 민주화·통일운동에 큰 관심을 두고, 독립운동가와 민주화운동에 헌신한 인물의 평전 등 이 분야의 많은 저서를 집필했다.

주요 저서로는 『한국필화사』, 『백범 김구 평전』, 『을사늑약 1905 그 끝나지 않은 백년』, 『단재 신채호 평전』, 『만해 한용운 평전』, 『안중근 평전』, 『이회영 평전』, 『노무현 평전』, 『김대중 평전』, 『안창호 평전』, 『빨치산 대장 홍범도 평전』, 『김근태 평전』, 『이승만 평전』, 『안두희, 그 죄를 어찌할까』, 『10대와 통하는 독립운동가 이야기』, 『몽양 여운형 평전』, 『우사 김규식 평전』, 『위당 정인보 평전』, 『김영삼 평전』, 『보재 이상설 평전』, 『의암 손병희 평전』, 『조소앙 평전』, 『백암 박은식 평전』, 『나는 박열이다』, 『박정희 평전』, 『신영복 평전』, 『현민 유진오 평전』, 『리영희 평전』, 『송건호 평전』, 『외솔 최현배 평전』 등이 있다.

3·1 혁명과 임시정부
: 대한민국의 뿌리

1판 1쇄 인쇄   2019년 2월 18일
1판 1쇄 발행   2019년 2월 22일

지은이   김삼웅
펴낸이   조추자
펴낸곳   도서출판 두레
등록   1978년 8월 17일 제1-101호
주소   주소 (04207)서울시 마포구 마포대로 14가길 4-11
전화   02)702-2119(영업), 02)703-8781(편집)
팩스 / 이메일   02)715-9420 / dourei@chol.com
기획·편집 장우봉 | 디자인 최진아 | 영업 신태섭

• 가격은 뒤표지에 적혀 있습니다. 잘못 만들어진 책은 구입하신 곳에서 바꾸어 드립니다.
• 이 책은 저작권법에 따라 보호를 받는 저작물이므로 책의 내용 일부 또는 전체를 재사용하려면 저자와 출판사의 허락을 받아야 합니다.
• 이 도서의 국립중앙도서관 출판예정도서목록(CIP)은 서지정보유통지원시스템 홈페이지(http://seoji.nl.go.kr)와 국가자료공동목록시스템(http://www.nl.go.kr/kolisnet)에서 이용하실 수 있습니다.(CIP제어번호: CIP2019001036)

ISBN 978-89-7443-118-1 43910